JN457838

AI와 경영 철학

AI문고

인공지능 시대입니다. 기계가 인간의 인지를 대신하고, 사물이 인간을 통하지 않고 다른 사물과 직접 커뮤니케이션합니다. 이에 따른 인간 삶과 문명 변화를 정확히 이해 · 예측 · 대응하는 것은 이 시대 우리 모두의 과제입니다. AI문고는 인공지능 기술과 환경의 여러 주제를 10가지 키워드로 정리합니다. 관련 개념과 이론, 학계와 산업계의 쟁점, 우리 일상의 변화를 다룹니다. 인간과 기술의 현재, 미래를 세심히 분석합니다.

일러두기

- 인명, 작품명, 저서명, 개념어 등은 한글과 함께 괄호 안에 해당 국가의 원어를 병기했습니다.
- 외래어 표기는 현행 어문규정의 외래어표기법을 따랐습니다.

처음이세요?

전문가세요?

지금, 큐알 찍으면

- AI 입문서 바로 선물
- 당신만의 필독서 추천
- 500권 요약본 공짜
- 오디오북 무료 사용

AI와 경영 철학

이완형

대한민국, 서울, 커뮤니케이션북스, 2025

AI와 경영 철학

지은이 이완형
펴낸이 박영률

초판 1쇄 펴낸날 2025년 8월 4일

커뮤니케이션북스(주)
출판 등록 2007년 8월 17일 제313-2007-000166호
02880 서울시 성북구 성북로 5-11
전화(02) 7474 001, 팩스(02) 736 5047
commbooks@commbooks.com
www.commbooks.com

이 책은 커뮤니케이션북스(주)가 저작권자와 계약해 발행했습니다.
본사의 서면 허락 없이는 어떠한 형태나 수단으로도
이 책의 내용을 이용할 수 없음을 알려드립니다.

ⓒ 이완형, 2025

ISBN 979-11-430-0683-7 03500

책값은 뒤표지에 표시되어 있습니다.

차례

경영 철학은 곧 AI 시대 기업 경쟁력

AI 중심 기업

AI가 모든 삶의 중심에 놓이면서, 어떻게 하면 AI를 통해 보다 나은 삶을 누릴 수 있을까에 사람들은 관심이 많다. 기업도 'AI 중심 기업이 되려면 무엇이 필요한가?'의 질문 앞에서, 갖추어야 할 조건들을 중심으로 여러 가지 방안을 내놓고 있다.

그 방안들은 대부분 기술적이고 분석적인 요소에서 대안을 모색하는 경향이 있다. 탄탄한 데이터 인프라, 데이터 기반 의사 결정 시스템 구축, 디지털 전환의 가속화, AI의 활용을 위한 최신 장비 구축 등을 생각하게 된다.

AI가 오늘날 비즈니스를 성장시킬 수 있는 잠재력이 매우 크다는 것에 이견이 있을 수 없다. 그래서 이를 위해서 데이터 관리가 첫걸음(appier, 2024)이라고 말한다. 왜냐하면 이를 통해 업무의 자동화가 이루어지고, 시간 절약, 비용 절감, 그리고 생산성 향상으로 이어지기 때문이다. 그런데 이것으로 충분한가? 이것만 잘 갖추면

될까?

최근에 학교에서 학생들에게 과제나 토론을 제시할 때 의도적으로 생성형 AI(예, 챗지피티 등)를 활용해 문제를 해결해 보도록 한다. 그런데 여기에서 느끼는 바가 매우 크다. AI 프로그램을 활용하면 그것이 어떤 수준의 과정을 거쳤냐는 것과 상관없이 어쨌든 대략 일정 수준 이상의 결과물을 '뚝딱' 만들어 낸다. 그러나 이는 매우 큰 함정들을 가지고 있다. 예를 들면, 상황을 전혀 고려하지 않은 천편일률적인 지식의 답변이거나 아니면 이것저것 종합해 놓은 백과사전 같은 형식이거나 또는 전혀 학생이 쓴 내용이라고 보기 어려울 정도의 전문적이고도 너무 포괄적인 방대한 내용들이 망라되기도 한다. 자기 자신만의 지적 고민과 생각 그리고 남다른 독특한 답변을 기대하기는 어렵다.

만일 기업 경영에서도 이와 같은 관점에서 '포괄적이고 일반적인' 결과를 만들어 내는 기업의 전략을 세운다면 우리 기업만의 차별성은 기대하기 어렵고, 이는 또한 시장에서 실패할 이유를 크게 만들 뿐이다. 왜냐하면 그것이 곧 우리 기업 소비자의 마음을 움직일 수 있느냐는 것은 또 다른 문제이기 때문이다. 일반적이고 보편적인 지식을 두루 섭렵하는 답변은 얻을 수 있을지 모르지만,

그 기업에게 꼭 필요한 '바로 그 상황(the right situation)에서' 적용할 '바로 그 전략(the right strategy)'과는 거리가 멀기 때문이다.

AI 툴을 활용할 때 중요한 것은 어떤 질문, 즉 프롬프트(생성형 AI에서 질문 작성)를 어떻게 작성하느냐다. 이에 따라 그 결과는 천차만별로 다르다. 이는 다른 말로 하면, 사람이 어떤 가치와 어떤 리더십을 가지고 AI를 활용하느냐에 따라 AI를 목적에 맞게 잘 활용할 수도 있지만, 그렇지 못할 수도 있다는 것이다.

경영의 본질에 충실하지 않은, 그래서 결과만을 추구하는 식의 '단기 성과 지향형' AI 경영을 추구한다면, 단기적 성과는 거둘 수 있을지 몰라도 결국 장기적으로는 큰 혼란에 빠지게 된다. AI는 어떤 문제의식과 관점을 가지고 접근하느냐에 따라 얼마든지 결과가 달라지기 때문에, 결코 근본적인 해결책이 될 수 없다. 기업은 조직의 정체성과 지속 가능성을 위협하며 혼란을 가져올 수 있는 '근시안적 성과 중심' 경영을 지양해야 한다. 기업은 목적에 충실한 AI의 활용을 위해서 자신만의 기업 철학 정립과 철학적 사고에 기반한 경영에 대해 고민해야만 한다.

철학 부재형 경영은 기술 도입에만 집중하고, 그 기술

을 왜 사용하는지에 대한 깊이 있는 성찰 없이 경영을 주도한다. 즉 방법론이 아니라 기업의 존재 이유와 근원적인 목적에 대한 본질에 접근해야 한다.

성경의 비전과 경영 철학

성경은 비전(vision)을 매우 중요하게 바라본다. 단순한 미래 예측이나 전략적 계획이 아니라, 하나님의 뜻과 목적을 통찰하여 그 방향성 안에서 삶과 공동체를 이끄는 영적 통찰력과 사명을 의미한다.

이는 개인뿐 아니라 공동체 전체에 주어진 존재의 의미와 방향성을 제시하며, 현대의 기업 경영에서도 비전 중심의 철학과 리더십으로 적용할 수 있다.

성경을 통해 배우는 경영 철학에 대한 시사점은 다음과 같다.

첫째, 공동체의 질서다. 잠언서에 보면 "묵시가 없으면 백성이 방자히 행한다"(잠29:18)고 기록되어 있다. 여기에서 묵시는 비전을 말한다. 이는 하나님의 뜻에 대한 계시이며, 방향과 질서가 없는 공동체는 혼란에 빠진다는 경고이자, 리더에게 주어진 사명을 강조한다. 기업도 마찬가지다. 경영 철학이 없으면 조직은 혼란에 빠질 수 있다. 조직 질서가 흐트러져 조직 구성원의 행동에 혼란이 가중된다. 전형적인 사명 부재 조직이다.

둘째, 생각이 아니라 공유와 실천이다. 하박국서에 보면 "너는 이 묵시를 기록하여 판에 명백히 새기되 달려가면서도 읽을 수 있게 하라"(합2:2)고 기록되어 있다. 기업의 비전이 명료하고 실행 가능해야 함을 보여 준다. 또한 사도행전에 보면 "하나님이 말씀하시기를 말세에 내가 내 영을 모든 육체에 부어 주리니 너희의 자녀들은 예언할 것이요, 너희의 젊은이들은 환상을 보고 너희의 늙은이들은 꿈을 꾸리라"(행2:17)로 기록되어 있다. 이는 세대와 계층을 넘어 비전(vision)과 꿈(dream)을 공유하게 됨을 나타낸다. 조직에서도 경영자뿐만 아니라 모든 구성원이 비전에 참여하고 공유하는 문화가 필요하다는 점을 시사한다. 비전은 경영자의 독점이 아니라, 공동체적 창조물이며, 실천적 전략이다.

셋째, 장기 방향성과 존재 목적이다. 이사야서에 보면 "내가 시초부터 종말을 알리며 아직 이루지 아니한 일을 옛적부터 보이고 이르기를 나의 뜻이 설 것이니 내가 나의 모든 기뻐하는 것을 이루리라 하였노라"(사46:10)고 기록되어 있다. 하나님의 비전은 미래에 대한 계획(plan)이자 확정된 뜻(purpose)으로, 이는 경영 철학에서 말하는 장기적 방향성과 존재 목적의 확고함을 상징

한다. 자신의 존재 목적이 없는 기업은 방향 감각을 상실할 뿐이다.

넷째, 섬김과 봉사다. 마가복음에 보면 "인자가 온 것은 섬김을 받으려 함이 아니라 도리어 섬기려 하고 자기 목숨을 많은 사람의 대속물로 주려 함이니라"(막10:45)고 기록되어 있다. 이는 기업의 경영자는 권위자가 아니라 공동체와 구성원을 위한 섬기는 자로서 존재해야 한다는 윤리적 모델을 제시하게 한다. 오늘날 서번트 리더십(servant leadership)의 근거가 된다.

다섯째, 겸손, 배려, 상호 이해의 태도다. 빌립보서에 보면 "아무 일에든지 다툼이나 허영으로 하지 말고 오직 겸손한 마음으로 각각 자기보다 남을 낫게 여기고, 각각 자기 일을 돌아볼뿐더러 또한 각각 다른 사람들의 일을 돌보아 나의 기쁨을 충만하게 하라"(빌2:3~4)고 기록되어 있다. 이는 공동체 내에서 협업과 조직 문화 차원에서 타인 중심적 사고, 조직 구성원 간의 존중과 배려가 지속 가능한 조직 발전의 기반임을 시사한다. 기업의 조직 문화는 경쟁보다 상호 존중과 공유의 가치를 지향해야 한다.

비전은 ① 기업의 존재 목적을 정당화하며, ② 구성원에게 방향성과 일체감을 제공하고, ③ 지속 가능성과 영

속성을 위한 기준이 되며, ④ 배려와 상호 존중 그리고 공유의 가치를 지향한다. 따라서 기업의 경영자는 비전의 전달자이자 해석자다.

경영 철학은 '전략'을 넘어선 '소명적 사명(calling)'으로서의 비전 의식을 내포하며, 경영자는 단순한 성과 관리자가 아니라 비전을 구현하는 청지기적(steward) 존재로 이해되어야 한다.

철학은 공부가 아니라 행동

철학은 삶을 살아내는 방식이다. 《고대 철학이란 무엇인가》의 저자 피에르 아도(Pierre Hadot)는 "사물에 악이 있는 것이 아니라 인간이 사물에 대해 내리는 가치 판단에 악이 있는 것이다. 그러므로 인간이 가치 판단을 바꿀 수 있도록 교육해야 한다. 그런데 인간이 가치 판단을 바꾸기 위해서는 근본적인 선택을 하지 않으면 안된다. 사유 방식, 존재 방식을 바꾸겠다는 선택, 이 선택이 바로 철학이다"라고 말한다(피에르 아도, 2017). 삶의 방식으로서의 철학을 말하고 있다.

'철학을 공부하다(study philosophy)'가 아니라 '철학하다(do philosophy)'를 말한 대표적인 철학자는 소크라테스(Socrates)다. 소크라테스는 철학을 단순히 이론적으로 배우는 것이 아니라, 대화와 탐구, 자기 성찰을 통해 직접 실천하는 활동으로 보았다. 그는 자신이 진리를 가르치는 교사가 아니라, 함께 질문하고 대화하며 진리를 탐구하는 동반자임을 강조했다. 이러한 태도는 "검토되지 않은 삶은 살 가치가 없다(The unexamined life is not worth living)"는 그의 유명한 말에서도 드러난다(Bradner & Mills, 2023). 현대 철학자 중에서는 티머시 윌리엄슨(Timothy Williamson)이 저서 《철학하기(Doing Philosophy)》(2018)에서 철학이란 단순히 철학의 역사를 배우거나 이론을 암기하는 것이 아니라 직접 질문하고 논증하며 사유하는 "행위"임을 강조한다(The Philosopher, n.d.). 철학은 학문이 아니라 활동이라고 강조하는 의미다. 즉, '철학하다(do philosophy)'는 삶의 실천 혹은 사유의 활동이다. 스스로 철학적 문제를 제기하고, 그에 대해 깊이 사유하며, 자신의 존재나 세계에 대해 성찰한다.

이 책에서 경영 철학을 말하는 것은 바로 '철학하다'를 경영에서 이야기해 보자는 것이다.

우리 기업이 어떤 기업인가를 말하고자 할 때, 대부분 기업들은 홈페이지를 통해 거창한 문구나 슬로건을 정해 소개한다. 그리고 경영 성과에 관한 보고서인 재무제

표, 지속가능경영보고서 등을 통해 '우리 기업은 이러한 지표를 달성했다'라고 말하곤 한다.

그러나 이러한 겉으로 드러내는 타이틀보다 중요한 것은 '우리 기업은 무엇 하는 기업인가' 하는 존재에 관한 것이다. 우리 기업의 제품과 서비스에 대한 철학적 질문이며 동시에 우리 기업의 정체성에 관한 것이다. 따라서 우리 기업에 대한 경영 철학적 정의는 추상적인 관념이 아니라 기업 경영의 기획, 생산, 마케팅, 재무, 회계, 전략, 사회적 참여 등 모든 활동에 직접적으로 영향을 미치는 경영 활동의 근거가 된다.

경영 철학에 근거를 두고 있는 기업의 제품과 서비스에는 그 기업의 철학이 투영되고, 이는 또한 시장과 고객에게 그 의미가 남다르게 전달된다. 이 '남다른'의 사례는 3장의 '남다른 차이의 사람들'과 4장의 '남다른 차이의 기업들'에서 자세히 다룬다.

AI 경영의 할루시네이션

경영 철학이 없는 기업의 AI 비즈니스는 할루시네이션(그럴듯한 허구 또는 AI의 착각)에 직면하게 된다.

할루시네이션(hallucination)은 원래 의학이나 심리학에서 환각, 환영, 환청의 의미이지만, AI 분야에서는 인공지능(AI), 특히 대규모 언어 모델(LLM)이나 생성형 AI가 실제로 존재하지 않거나 사실과 다른 정보를 마치 진실인 것처럼 자연스럽고 설득력 있게 생성하는 현상을 의미한다.

대부분 기업들이 AI 경영을 한다고 할 때, 빅데이터를 구축하고, 업무 자동화를 이루고, 기능 중심의 첨단 제품을 시장에 내놓으면 AI 경영을 잘하고 있는 것 같은 착각에 빠질 수 있다. 이를 'AI 경영의 할루시네이션'이라고 표현하고자 한다.

AI 경영의 할루시네이션을 해결할 유일한 대안은 기업이 무엇을 하고자 하는가, 그 목표를 분명히 설정하는 것이다. 목표의 설정은 기업의 경영 철학에서 비롯되며, 이것으로부터 AI 활용의 구체적 방법론이 펼쳐진다.

IBM, 맥킨지, 국내외 전문가들은 공통적으로 "AI 도입의 출발점은, 해결하고자 하는 비즈니스 문제나 기회를 명확히 파악하고, 이를 구체적인 목표로 전환하는 것"임을 강조한다(Mayer et al., 2025; Stryker, 2024). 이처럼 명확한 목표 설정과 내부 역량 진단이 선행되어야만, AI 도입이 단순한 기술 실험에 그치지 않고 실제 비즈니스 가치 창출로 이어질 수 있다.

콜 스트라이커(Cole Stryker)는 인공지능 구현을 통한 성공의 단계를 제시했다. 1단계: 목표 정의, 2단계: 데이터 품질 및 접근성 평가, 3단계: 적합한 AI 기술 선택, 4단계: AI에 능숙한 팀 구축, 5단계: AI 혁신 문화 조성, 6단계: 위험 관리 및 윤리적 체계 구축, 7단계: 모델 테스트 및 평가, 8단계: 확장성 및 지속적인 개선 계획이다(Stryker, 2024). 이 단계에서 보듯이 AI 경영을 한다는 것은 기술적인 요인에만 국한하지 않는다. 오히려 기술을 적합하게 사용하기 위해서 경영의 토대를 이루는 것을 더 중요하게 보고 있다. 목표 정의, 능숙한 팀 구성, 혁신 문화 조성, 위험 관리 및 윤리적 체계 구축, 지속적인 확장성 등이 바로 그것이다. 목표를 정의하는 것은 AI를 성공적으로 구현하기 위한 토대다.

AI 기술의 발달로 우리는 이제 AI 에이전트 시대에 진입하고 있다. 생성형 AI(generative AI)로부터 에이전틱 AI(agentic AI)로 진화하고 있다(삼성SDS, 2025). 생성형 AI는 대량의 학습 데이터를 기반으로 지시에 따라 콘텐츠를 생성하는 데 초점을 두는 반면, 에이전틱 AI는 자율적인 계획과 실행 능력을 바탕으로 복잡한 문제 해결에 적합하다. 이는 제조, 서비스, 물류, 환경, 국방 등 다양한 산업에서 활용 가능성을 넓히고 있으며, 기술 시장의 포화와 차별화 요구 속에서 더욱 주목받고 있다. 이에 따라 많은 AI 기업들이 기존의 대규모 언어 모델 개발을 넘어서, AI 에이전트를 활용한 응용 프로그램 개발과 사업 확장에 나서고 있다. 산업별 특화된 AI 에이전트는 실제 비즈니스 가치 창출에 필수적이다.

'에이전틱 시스템'은 에이전트가 목표를 달성하기 위해 인지, 추론, 행동, 결과 분석을 수행하는 실행 환경이다. 첫째, 이 시스템의 '인지' 단계에서는 기술의 능력만이 아니라 그 기술을 어떻게 활용할 것인가에 대한 철학적 성찰이 매우 중요하다. 경영 철학은 AI가 인지하는 정보의 해석 프레임을 결정한다. 둘째, '추론' 단계에서는 판단과 해석의 방향성을 설정하는 윤리적 기준이 중요하다. 예를 들어 동일한 고객 불만을 해석할 때 단기 비용 절감을 우선하는 기업은 이를 무시하거나 자동 응답으로 처리한다. 셋째, '행동' 단계에서는 AI를 통한 실행은 단지 '가능한 것'을 넘어 '마땅한 것'이어야 한다. 기술이 인간 대체가 아닌 인간 협력의 수단이 되어야 하는 규범적 지향성이 요구되는데, 이는 기업의 경영 철학에서 비롯된다. AI의 실행이 정당한지, 사회적으로 수용 가능한지를 판단하는 기준이 된다. 넷째, '결과 분석' 단계에서는 AI 실행 결과를 통해 분석하고 학습으로 진화한다. 경영 철학은 결과 해석의 틀을 제공하며, AI의 진화 방향에 목적성을 부여한다.

AI 경영 철학

AI는 기술적 발전과 함께 더욱 진화하고 있다. AI의 역할이 엄청난 파괴력을 가지며 기업의 경영 활동을 새롭게 재편하고 있다.

그러나 아이러니하게 한편으로 사람의 역할이 더욱 중요해진다. 왜냐하면 에이전틱 AI로 고도화가 이루어지는 산업의 업무 속에서 AI는 항상 오류의 가능성을 배제할 수 없고, 더욱이 고도화된 세밀한 작업일수록 사람이 안전하게 확인하는 검수 과정이 반드시 필요하기 때문이다. EU의 인공지능법(AI Act)은 고위험 AI 시스템에 대해 인간의 감독을 필수적으로 요구한다. 이 법 제14조의 주요 목적은 첫째, AI 시스템이 자율적으로 위험한 결정을 내리는 것을 방지, 둘째, 인간의 건강, 안전, 기본권 보호를 강화, 셋째, 책임 있는 AI 사용을 보장하여 고위험 AI시스템의 오작동이나 예기치 않은 결정을 내릴 때 인간이 신속하게 개입할 수 있도록 한다. 이는 AI 시스템의 신뢰성과 안전성을 확보하기 위한 핵심 요소로 간주되고 있다(Fink, 2025). 또한 AI 시스템의 효과적인 인간 감독을 위해서는 오류(부정확성 및 불공정성)

에 대한 신뢰할 수 있는 탐지가 필수적이다. 인간 감독이 AI 시스템의 오류를 식별하고 수정하는 데 중요한 역할을 하며, 이를 통해 AI 시스템의 전반적인 신뢰성과 공정성을 향상시킬 수 있다(Langer, Baum & Schlicker, 2024).

그럼에도 불구하고 현재 AI의 활용으로 성장의 동력을 삼고 있는 경영 현장을 보면, 무언가에 빨려 들어가는 듯한 인상을 지울 수 없다. 현대 기술사회의 문제는 기술 발전 자체가 하나의 목적이 되어 버렸다는 점이다.

그러나 우리가 소홀히 여기지 않아야 할 기술에 대한 태도는, 새롭게 개발되는 과학기술이 주어진 목적을 이루는 데만 그치는 것이 아니라 새로운 세상을 만들어 낸다는 사실을 잊지 않는 것이다(손화철, 2021).

기업은 제품을 만들어 내어 세상을 변화시키는 변화의 매개자(change agent)다. 예를 들어 기업이 만들어 낸 새로운 기술의 집합체인 모바일 폰은 세상의 관계를 변화시키고, 사람들의 살아가는 방식을 변화시켰다. 이는 기업이 단지 제품을 만들어 팔면 끝나는 그런 간단한 상황(context)이 아님을 증명하고 있다.

그래서 AI가 더욱 고도화되고 상용화되는 이 시점에 우리는 철학적 질문 앞에 서야 한다. 왜냐하면 기술의 고도화가 곧 기업 경영의 목표라고 말할 수 없기 때문이다. AI의 어마어마한 발전은 인간의 삶을 완전히 바꾸고 있고, 비즈니스의 모든 방법과 전략도 바꾸어 놓고 있다. 이 변화하는 중심에 본질적 고민을 놓을 것인가, 아니면 고도화된 기술의 역량만 채울 것인가?

인간다운 사회, 바람직한 사회, 인간을 위한 비즈니스는 우리 모두가 가리키는 방향이다. 그러면 그 원칙과 기준부터 정해야 한다.

이 책의 구성

이 책은 총 10개의 장으로 구성되어 있다.

1장은 AI 시대 기업가 정신과 비즈니스 마인드다. AI 경영을 말하면서 어느 때보다도 기업가 정신을 점검할 의미가 크다. 왜냐하면 불확실성과 위험을 감수하고 혁신이 테마가 되는 오늘날의 경영 환경에서 기업가 정신은 경영 철학을 세우는데 토대가 되기 때문이다. 기업가 정신은 창의와 도전, 문화, 성품, 가치다(노부호, 2010).

2장은 철학적 경영을 위한 기본적인 개념을 다룬다. 즉 기술 철학과 경영 철학의 개념과 의미다. 기술과 관련한 문제들을 다루는 철학의 한 갈래인 기술 철학과 일관된 생각과 행동을 바탕으로 기업을 운영하는 원칙과 가치관인 경영 철학의 개념과 의미에 대해 다룬다. 이를 통해 경영에서의 철학적 토대를 이해하게 된다.

제3장과 제4장은 각각 '남다른 차이를 지닌 사람들'과 '남다른 차이를 지닌 기업들'을 살펴본다. 겉보기에는 유사해 보이는 개인의 삶과 기업의 경영 활동 속에서도, 이들이 보여 주는 차별성은 어디에서 비롯된 것인가에 주목한다. 그 핵심은 바로 철학이다. 자신만의 분명한 철학을 지닌 개인과 기업은, 존재 방식과 선택의 깊이에서 근본적으로 다르다.

5장과 6장은 기업이 궁극적으로 지향해야 할 '가치 중심적 경영'의 본질을 다룬다. 5장에서는 경영 철학이 제품과 서비스에 어떻게 내재화될 수 있는지를 중심으로, 기업이 단순히 성능 중심의 제품을 판매할 것인가, 아니면 철학과 가치가 담긴 제품을 통해 고객과 의미 있는 관계 형성을 추구할 것인가에 대한 근본적인 물음을 제기한다. 6장에서는 마케팅의 철학적 진화를 역사적 관점에서 살펴보며, AI 시대에 요구되는 새로운 마케팅 철학의 개념을 설명한다. 기술 기반의 정교한 전략을 넘어서, 인간과 공동체 중심의 마케팅이 왜 필요한지를 다층적으로 해석하며, 가치를 창조하고 공감하는 마케팅의 미래상을 제시한다.

제7장과 제8장은 기업 전반에 걸친 구조적 이슈들을 다룬다. 제7장은 AI 시대의 조직 문화, 제8장은 AI 거버넌스를 중심으로 서술되며, 이를 통해 기업이 경영 철학적 관점을 내재화하는 것이 어떻게 기업의 체계를 AI 경영에 부합하도록 정립하고 규율하는 기반이 되는지를 살펴본다.

제9장은 AI 경영의 기업 경쟁력을 다룬다. AI 경영에서의 진정한 경쟁력은 기술에 대한 단순한 의존 이전에, 경영 철학 그 자체가 기업의 핵심 경쟁력임을 강조한다. 특히 이 장에서는 그러한 경쟁력을 '공존 경쟁력'이라는 개념으로 제시하며, 경영 철학적 관점에서 경쟁력의 본질과 내용을 새로운 시각에서 살펴본다.

제10장은 AI 시대의 리더십에 대해 다룬다. 인공지능의 발전으로 판단과 의사결정이 점점 더 과학적이고 분석 기반으로 이루어질수록, 리더십은 오히려 '머리'보다 '마음'을 향해야 한다. 즉, 기술이 이성을 대체해 갈수록 경영자는 더욱 인간 중심의 공감과 신뢰를 바탕으로 한 리더십을 발휘해야 하며, 이는 AI 시대에 요구되는 새로운 리더십의 핵심이다.

이 책이 AI 시대의 경영 토대를 성찰하고 이해하는 데 의미 있는 계기가 되기를 바란다. 철학을 담은 기업은 단순한 생존을 넘어, 자신의 존재 이유와 더불어 미래의 방향성을 스스로 결정짓는 주체가 된다. 우리는 이제 철학을 배우며 준비하는 경영(learn to lead)을 넘어서, 철학을 실천하며 이끄는 경영(lead with heart)으로 나아가야 한다.

더 나은 삶과 미래를 향한 경영의 방향을 모색하며, 이 책이 독자 여러분께 깊은 성찰과 의미 있는 만남의 장이 되기를 기대한다.

참고문헌

노부호(2010). 유일한의 기업가 정신과 경영. 《경영사학》. 25권 4호, 5~35쪽.

삼성SDS(2025.4.18). Agentic AI 시대, 기업의 AI 활용 전략은?. https://www.samsungsds.com/kr/insights/ai-strategy-for-your-company.html

피에르 아도(Pierre Hadot), 이세진 역(2017). 《고대 철학이란 무엇인가》. 열린책들.

appier(2024). AI 중심 기업이 되려면 무엇이 필요한가? https://www.appier.com/ko-kr/blog/ai-eca491ec8bac-eab8b0ec9785ec9db4-eb9098eba0a4eba9b4-ebacb4ec9787ec9db4-ed9584ec9a94ed959ceab080

Bradner, A., & Mills, A. P.(2023.12.12). Doing Philosophy as Teaching Philosophy. The Philosophers Magazine. https://philosophersmag.com/doing-philosophy-as-teaching-philosophy/

Fink, M.(2025). Human Oversight under Article 14 of the EU AI Act. SSRN. https://papers.ssrn.com/sol3/papers.cfm?abstract_id=5147196

Langer, M., et al.(2025). Effective Human Oversight of AI-Based Systems: A Signal Detection Perspective on the Detection of Inaccurate and Unfair Outputs. *Minds and Machines*, 35(1). https://doi.org/10.1007/s11023-024-09701-0

Mayer, H., et al.(2025). Superagency in the Workplace: Empowering people to unlock AI's full potential. McKinsey&Company. https://www.mckinsey.com/~/media/mckinsey/business%20functions/quantumblack/our%20insights/superagency%20in%20the%20workplace%20empowering%20people%20to%20unlock%20ais%20full%20potential%20at%20work/superagency-in-the-workplace-empowering-people-to-unlock-ais-full-potential-v4.pdf

Stryker, C.(2024.11.21). 인공 지능 구현: 성공을 위한 8단계. IBM. https://www.ibm.com/kr-ko/think/insights/artificial-intelligence-implementation

The Philosopher(n.d.). Doing Philosophy: A Dialogue with Timothy Williamson. 107(1). https://www.thephilosopher1923.org/post/doing-philosophy

01
AI 시대 기업가 정신과 비즈니스 마인드

AI 시대의 기업가 정신은 창조적 파괴를 통한 혁신과 가치를 창출하는 태도를 의미하며, 비즈니스 마인드는 이를 실천하는 심리적 · 행동적 기반이다. 기술 수용을 넘어 윤리, 지속 가능성, 인간 중심 사고를 갖추는 것이 필수적이다. 경영 철학은 이러한 기업가 정신과 비즈니스 마인드를 이끄는 근본적 사유 체계로서, 기업이 존재 이유를 자각하고 시대 변화에 능동적으로 대응하는 방향성을 제공한다.

AI와 1인 창업?

기업가와 기업가 정신

기업가 정신을 이해하기 위해서는 먼저 '기업가'의 개념부터 살펴볼 필요가 있다. 기업가는 프랑스어 '앙트레프리너(entrepreneur)'에서 유래했으며, '시도하다', '모험하다'라는 의미를 갖는다. 이는 곧 새로운 일을 시작하고 이끄는 사람, 즉 혁신과 창의성을 기반으로 세상의 방향을 바꾸고 새로운 가치를 창출하는 데 중심적 역할을 하는 사람을 지칭한다.

이러한 사람의 태도와 사고방식, 그리고 행동 양식을 포괄하는 것이 바로 '기업가 정신'이다. 기업가 정신은 단순한 경영 기술이 아니라, 창의적 혁신을 통해 사회에 새로운 가치를 제공하고 문제를 해결하려는 실천적 태도이자 가치 지향적 사고방식이다.

슘페터(Schumpeter)는 기업가를 "기존 자원을 새로운 방식으로 조합하여 혁신을 실현하는 경제 주체"로 정의하고, 기업가는 '창조적 파괴(creative destruction)'를 통해 기존 시장 구조를 변화시키는 역할을 한다고 보았다(Schumpeter, 1942). 슘페터의 이러한 혁신은 AI 비즈니스 시대에도 중요한 핵심 자질로 연결된다. 즉, 변화 없는 경영은 진정한 기업가 정신과 거리가 멀다고 말할 수 있기 때문이다.

피터 드러커(Peter Drucker) 역시 기업가를 단순 창업자가 아닌, 조직 내외부에서 체계적으로 혁신을 추구하는 존재로 설명한다(Drucker, 1985). 그는 기업가 정신을 공공기관이나 비영리조직에서도 적용 가능한 보편적 경영 원리로 보고, 기업가는 "변화를 탐지하고 이에 반응하여 기회로 전환하는 사람"이라 말한다. 특히 그는 "혁신이란 기업가의 특별한 도구로서, 남다른 비즈니스를 향한 기회를 창출하거나 남다른 서비스를 창출하는 수단이다(Drucker, 1985)"라고 했다.

드러커는 혁신의 원천으로 일곱 가지를 제시했다. 첫째, 새로운 기회를 가져오는 예상치 못한 사건(the unexpected), 둘째, 기대와 실제 사이에서 발생하는 불일치로 만들어지는 혁신의 기회로서의 모순(incongruities), 셋째, 프로세스의 필요(process needs), 넷째, 산업 및 시장 구조의 변화(industry and market structure changes), 다섯째, 인구통계학적 변화(demographics changes), 여섯째, 인식의 변화(changes in perception), 일곱째, 새로운 지식(new knowledge)이다. 이들은 단순 기술적 발견이 아니라 조직이 체계적으로 탐색할 수 있는 출발점이 되며, 혁신은 '창조적 우연'이 아닌 '체계적 경영 활동(systematic discipline)'이라고 강조한다.

결국 중요한 것은 혁신의 원천은 기술 자체가 아니라 어떤 문맥에서 어떤 문제의식으로 접근하고 활용하느냐에 있다. 이를 통해 기업은 자기 기업의 철학을 기반으로 혁신 전략 포트폴리오를 구성할 수 있게 된다. 기업가는 비즈니스의 위험(리스크)을 측정하고 특정 기회, 아이디어 또는 개념을 신속하게 시작, 조직 및 관리하기 위해 노력하는 사람이다. 이런 의미에서 AI 시대의 기업가 또는 기업가 정신에서 중요한 핵심 단어는 '위험(risk)'과 '비즈니스 실행(business practice)'이다(Heinecke & Marsh, 2003).

기업가 정신(entrepreneurship)은 시대 및 경제 조건에 따라 정의가 변화해 왔다. 최근에는 창업, 벤처 육성, 창업 교육 등으로 그 적용 범위가 확대되고 있다(이완형, 2016). 프레더릭 등은 기업가 정신을 "자원, 관리 기술, 자율성과 위험 감수, 공격성, 경쟁력, 목표 지향성, 기회 포착, 직관력, 실수로부터 배우는 능력, 인간관계 능력 등"을 포괄하는 종합적 개념으로 설명하기도 했다(Frederick et al., 2007).

현대는 기업의 수명이 점점 짧아지고 있어 지속 가능성을 위해 혁신형, 창조형 기업으로의 전환이 필수적이다. 100년 이상 지속되는 기업은 적응력, 혁신, 사회적 책임의 세 요소가 핵심적 특성이다(Louey, 2025). 적응력은 시장과 고객의 변화에 능동적으로 대응하는 능력이며, 혁신은 데이터 기반으로 지속하되 위험 관리를 통해 안정성을 유지하게 한다. 또한 사회적 책임은 기업 설계 초기부터 포함되어야 하며, 이는 기업이 단순한 이익 추구를 넘어 공동체에 기여하는 존재로 인식되게 만든다.

기업가 정신과 비즈니스 마인드

비즈니스 마인드(business mind)는 단순히 사업을 성공시키기 위한 기술적 역량이나 경영 전략을 넘어서, 어떻게 생각하고, 어떤 태도로 문제를 인식하며, 어떤 행동을 선택하는가에 관한 총체적 정신 자세를 의미한다. 이는 기업가 정신과도 깊이 연결되어 있으며, 특히 태도(attitude)는 비즈니스 마인드의 핵심 구성 요소 중 하나다.

사람의 행동에 대한 마음가짐을 표현하는 단어인 '태도'는 개인에게만 해당되는 것이 아니라 기업에도 동일하게 적용되며, 조직의 문화와 방향성에도 큰 영향을 미친다.

케임브리지 영어사전에서는 '태도'를 "어떤 것에 대해

생각하고 느끼는 방식(how you think or feel about something)"이라고 정의하고 있다. 이 정의는 태도가 단순한 외적 표현이 아니라, 내면의 사고방식과 감정이 결합된 상태임을 보여 준다. 또한 개인뿐만 아니라 기업의 정체성과 운영 방식에도 깊이 작용한다. 한마디로 태도란 마음의 모양이다(위키백과, 태도).

이 마음의 모양새에 따라 같은 직무라도 사람마다 그 직무에 임하는 마음가짐은 다르게 나타나고, 이는 곧 성과에 영향을 미친다. 아무리 탁월한 지식과 식견을 가진 사람이라 할지라도 태도가 바르지 못하다면 그 좋은 지식은 별 의미가 없는 것이 될 수도 있고, 오히려 그 지식(또는 기술)이 시대와 사회에 악영향을 미치는 결과로도 이어질 수 있다. 올바른 태도로 뒷받침되지 않은 지식은 겉만 화려할 뿐, 진정한 가치를 담지 못한 장식처럼 무의미해질 수 있다.

기업가는 기존의 틀을 파괴하고 새로운 질서를 창출하는 창조적 파괴(creative destruction)의 주체이며, 이러한 역할 수행의 근간에는 능동적이고 혁신적인 태도가 자리하고 있다.

'태도'는 단순한 성향이나 기분이 아니라 비즈니스 환경을 바라보는 방식이자 도전과 기회를 인식하고 반응하는 심리적, 행동적 기반이다. 드러커의 견해대로, 기업가 정신을 외부 환경에 수동적으로 반응하는 것이 아니라 의식적이고 체계적인 혁신을 추구하는 자세로 본다면, '태도'는 이 기업가 정신을 실현하는 마인드셋(mind set)이다. '마인드셋'은 바로 한 사람의 세계관이나 생의 철학에서 나온다. 인지심리학에서 마인드셋은 주어진 과업에 반응하여 활성화하는 인지과정을 의미한다(위키백과, 마인드셋).

AI 시대의 비즈니스 환경은 기존 산업 구조를 해체하고 재구성하는 급진적 전환의 시대이기에, AI 시대 요구되는 비즈니스 마인드는 지금까지의 기업 경영 태도와 매우 다르다. 이는 단순한 기술 도입의 문제가 아니라, 기업가적 태도 없이는 생존조차 어려운 시대가 동시에 공존한다는 사실이다.

AI 기술은 '기회'와 '위험'을 동시에 내포하고 있기 때문에 다음과 같은 비즈니스 마인드가 요구된다.

첫째, 기술을 단순히 수용하는 것이 아니라 해석하고 재구성하는 태도가 필요하다. 예컨대 챗봇 기술이 고객 응대에서 의외의 반응을 얻었을 때, 이를 단순한 피드백으로 받아들이지 않고 새로운 사업 영역(예: AI 챗봇을 활용한 고민 상담 서비스)으로 피벗(pivot)할 수 있는 유연성은 바로 이를 보여 주고 있다. '피벗'은 단순한 변화가 아니라, 기존 기술이나 자산을 바탕으로 상황에 맞는 새로운 기회를 모색하고 실현하는 전략적 전환을 의미한다.

둘째, AI와 인간의 역할 분담을 비즈니스 모델로 연결하는 창조적 사고가 필요하다. 단순히 자동화하는 것이 아니라, 어떤 영역은 인간 중심의 접근이 더 적절한지 판단하고, 기술을 보완재로 활용하는 관점이 요구된다. 최근 연구에서는 이러한 관계를 응집력(cohesion), 자율성(autonomy), 평등성(equality)의 세 가지 측면에서 분석하고, 이를 앵커링(anchoring), 경계 설정(bounding), 보정(calibrating)이라는 활동으로 구체화했다(Li et al., 2024). 이러한 개념들은 AI와 인간의 협업 관계를 정의하거나 운영할 때 사용하는 개념적 틀이다. '앵커링'은 AI가 인간 중심의 조직 내에서 어떤 기준점 또는 기반 위에 기능하도록 설계하는 것이며, '경계 설정'은 AI의 자율성과 작동 범위를 명확히 설정하여 책임 소재와 권한을 구분하는 것이며, '보정'은 AI의 판단이나 출력 결과를 인간이 점검하고 조정하는 과정을 말한다. 이러한 프레임워크는 AI와 인간이 조직 내에서 효과적으로 협력할 수 있는 기반을 마련한다.

셋째, 윤리적 책임과 지속 가능성에 대한 태도는 AI 시대의 경영에서 핵심적인 덕목이다. AI가 생성하는 데이터와 판단은 인간의 의도와 설계에 기초하기 때문에, 그 결과에 대한 책임은 기술이 아닌 기업에 있다. 따라서 기업은 단순한 수익 추구를 넘어, 도덕적 태도와 사회적 책임을 비즈니스 마인드의 필수 조건으로 삼아야 하며, 이는 장기적 신뢰와 지속 가능한 경쟁력의 기반이 된다.

넷째, 지속적인 학습과 적응력이다. 변화하는 시장 환경에 빠르게 적응하고 새로운 기술과 트렌드를 학습하며 이를 활용할 수 있는 역량을 갖춰야 한다. 현대 기업은 끊임없이 학습해야 한다. 학습 조직으로 조직의 구조가 전환되어야 한다. 이에 대한 투자를 아깝게 생각하거나 게을리해서는 시대의 흐름에 맞추는 비즈니스 마인드를 형성할 수 없다.

따라서 비즈니스 마인드란 조직의 성장은 물론 이익을 창출하는 데 필요한 마음가짐이다. 최고경영자로부터 일선 직원 한 사람에 이르기까지 새로운 마인드셋이 필요하다. "돈을 왜 버는가, 수익을 왜 창출해야 하는가, 우리 기업의 제품을 통해 소비자는 무엇을 얻게 되는가, 우리 기업이 제공하는 AI 기술들은 고객과 사회에 어떤 영향을 미치는가"에 대한 질문이 선행되어야 하고, 답을 제시해야 한다. 어떤 태도를 가지고 있느냐에 따라 AI 시대 기업이 추구하는 비즈니스의 질과 수준은 매우 달라진다.

경영 철학은 기업의 영혼을 형성하고, 기업가 정신은 이를 실현하기 위한 행동력을 제공한다. 비즈니스 마인드는 이 두 가지를 조화롭게 결합하여 성공적인 경영을 가능하게 한다.

참고문헌

위키백과. 마인드셋.

위키백과. 태도.

이완형(2016). 기업가 정신과 사회적 기업가 정신의 개념 통합에 관한 연구: 16세기 종교개혁 정신 관점에서 재조명. 《로고스경영연구》. 14권 4호, 115~134쪽.

이완형(2023). 《디지털 비즈니스 트랜스포메이션: AI · 기후위기 시대의 경영 이해》. 교문사.

전인수(2016). 《철학으로 본 앙트러프러너십》. 살림.

케임브리지 영어 사전. attitude.

Drucker, P. F.(1985). *Innovation and Entrepreneurship: Practice and Principles*. New York: Harper & Row.

Frederick, H., et al.(2007). *Entrepreneurship: theory, process, practice*. THOMSON.

Heinecke, W. & Marsh, J.(2003). *The ENTREPRENEUR: 25 Golden rules for the global business manager*. Revised Ed., John Wiley & Son, Inc. p.1.

Li, X., et al.(2024). Situating artificial intelligence in organization: A human-machine relationship perspective. *Journal of Digital Economy.* https://doi.org/10.1016/j.jdec.2024.01.001

Louey, W.(2025.1.6). 3 Things You Must Know If You Want to Build a Business That Lasts a Century and Beyond. Entrepreneur. https://www.entrepreneur.com/growing-a-business/how-to-build-a-business-that-lasts-a-century-and-beyond/484614

Schumpeter, J. A.(1942). *Capitalism, Socialism and Democracy.* Harper & Brothers.

SK C&C(2024). 성공하는 기업들의 공통점, 비결은 바로 RPA(로보틱 프로세스 자동화). https://www.skcc.co.kr/insight/trend/3058

02
기술 철학과 경영 철학 개념과 의미

기술 철학은 기술이 인간 존재, 삶, 사회 구조에 미치는 근본적 영향을 성찰하는 철학적 탐구로, 기술을 단순한 수단이 아닌 인간 존재 조건으로 이해한다. 경영 철학은 이러한 기술 환경 변화 속에서 기업이 인간성과 지속 가능성, 윤리성과 책임을 어떻게 실현할 것인가를 모색한다. 기술 철학과 경영 철학은 모두 인간 중심 경영을 위한 본질적 사유와 방향성을 제시하며, 특히 AI 시대에는 존재론적 성찰과 사회적 책임을 아우르는 통합적 사고에 기반한 경영이 필수적이다.

AI와 MBTI?

AI 시대 기술 철학

현대 기술은 인간의 삶과 죽음, 감정, 사고, 환경, 미래에 이르기까지 전방위적으로 스며들며 영향을 확장하고 있다.

그러나 최근 기술은 인간 삶의 중심이면서 동시에 위협이 되는 존재로 부각되고 있다. 이에 따라 기술은 철학적 성찰의 대상으로 자리매김하게 되었고, 기술 철학이라는 분과가 성립되었다(Jonas, H., 2005).

미래학자 레온하르트(Leonhard, 2018)는 기술과 인간 사이의 충돌 양상으로 디지털화(digitalization), 모바일화(mobilization), 스크린화(screenification), 탈매개화(disintermediation), 전환(transformation), 지능화(intelligization), 자동화(automation), 버추얼화(virtualization), 예견화(anticipation), 로봇화(robotization)등 10가지를 제시하며, 기술이 단순 도구가 아니라 실존적 조건이 되었음을 강조했다.

AI의 발전은 인간 자율성 위기를 초래할 수 있으며, 인간은 기술 시스템의 피지배자가 될 위험이 있다(Baruzzi, 1996). 하이데거는 이를 '게슈텔(Ge-stell)'이라 하며, 인간이 기능적 단위로 환원되고 자연 및 인간 본질이 파괴됨을 경고했다. 이 속에서 인간은 하나의 부품(bestand)

으로 간주되며, 더 이상 고유한 존재가 아니라 기능적 단위로 전락한다. 인간성은 기술 체계 내에서 사물처럼 다루어지고, 이는 자연과 인간의 본질을 파괴하는 결과를 초래한다(이지연 외, 2016).

AI는 스스로 결정(자율성)하고 사람의 사고나 분석 같은 정신 노동을 대신할 수 있는 능력을 갖고 있어, 인간과의 상호작용을 기반으로 한 깊은 철학적 성찰이 요구된다(황수영, 2025). 기술은 단순한 도구가 아니라 인간 정신과 사유가 구체적으로 드러난 문화적 산물이며, 동시에 자기 인식과 의식을 실현하는 통로로 기능한다(Kapp, 2021). 이러한 관점에서 기술 철학은 '기술이란 무엇인가?'라는 본질적인 질문을 출발점으로 삼아, 존재론(기술의 본질과 실체를 탐구), 인간학(기술과 인간의 관계 및 인간성에 대한 영향 분석), 가치론(기술의 윤리적 · 사회적 가치 평가)의 세 영역에서 기술 현상을 비판적으로 성찰한다(손화철, 2021). 기술의 발전은 인간이 추구하는 목적과 삶의 방식을 근본적으로 변화시키며, 그로 인해 인간과 기술은 한쪽이 일방적으로 지배하거나 따르는 관계가 아니라, 서로 영향을 주고받으며 함께 발전하는 순환적이고 상호작용적인 관계가 된다(한양대학교 과학철학교육위원회, 2017).

AI 시대 철학적 경영에 대한 기대

전통적으로 경영학은 축적된 경험과 검증된 사례를 바탕으로 발전해 온 실용적 학문이다. 그러나 디지털 연결성의 확산으로 시장과 소비자 예측이 어려워지면서, 과거의 경험과 사례만으로는 대응하기 힘든 복잡한 경영 환경이 조성되었고 소비자의 행동 패턴 역시 기존 분석 틀을 벗어나는 경우가 빈번해졌다.

이러한 변화의 소용돌이 속에서 기업들은 단순한 수익 창출을 넘어서 자신들의 존재 이유와 핵심 가치에 대해 근본적으로 성찰해야 하는 새로운 경영 환경에 직면해 있다. 특히 뉴노멀 시대의 경영은 성과 중심의 전통적 경영에서 벗어나 거시적 관점에서 경영의 존재 이유, 윤리적 기반, 인간 본성 등의 존재론적 고민과 인식론에 대한 성찰이 요청된다. 이러한 변화를 반영해 개념화한 경영 원리로 '5P 모델'(김정아, 2022)이 제시되었다. 5P 모델은 ① 거시적인 철학적 목표(philosophical base)를 중심으로 ② 재무적 및 비재무적 성과(performance), ③ 일의 절차인 관행(practice), ④ 구성원들인 사람(people), 그리고 ⑤ 조직의 사명, 가치, 윤리, 책임과 같은 경영의 방향성에 대한 원리(principle)가 상호 작용하는 경영 시스템으로 구성되어야 사회적으로 요구되는 바람직한 경영이 될 수 있을 것이라 정의한다.

특히 AI 에이전트 시대로의 진입은 인간의 삶을 근본적으로 확장시키며, 새로운 인간상과 사회상을 요구하고 있다. 이에 따라 기술 중심 전략만으로는 충분하지 않으며, 기업의 존재 이유와 '인간-기술 관계'에 대한 철학적 기준이 필요하다. 경영 철학은 급변하는 환경 속에서 지속 가능성을 확보하고, AI 시대에 적합한 새로운 방향성을 제시하는 핵심 요소다(김정아, 2022).

경영 철학의 토대 '티모스'

경영 철학에 대한 깊이 있는 성찰을 위해서, 먼저 '티모스(thymos)'라는 용어부터 이해하는 것이 필요하다.

티모스는 고대 그리스 철학, 특히 플라톤과 후대 철학자들의 사유에서 등장한 중요한 개념이다. 플라톤은 인간의 영혼이 에피투미아(욕망), 로고스(이성), 그리고 티모스로 이루어져 있다고 했다. 플라톤의 설명에 따르면 티모스는 비이성적 영혼으로 선과 숭고함을 지향하는 고상한 정신이다(전인수, 2016). 이는 단순한 감정이나 충동과는 다르다. 인간의 자존감, 명예욕, 인정 욕구, 정당함에 대한 의식 등과 깊이 연결된 정신적 에너지 또는 '영혼의 한 부분'으로 설명된다.

티모스는 다음과 같은 역할을 한다. 첫째, 이성(로고스, logos)과 욕망(에피투미아, epithumia) 사이에서 균형을 유지하고, 정의와 명예를 추구하는 힘, 둘째, 불의에 대한 분노, 정당함에 대한 열망, 자기 존중감을 표현하는 에너지, 셋째, 공동체와 타인의 인정을 통해 존재의 가치를 확인하려는 내적 욕구다.

플라톤에게 티모스는 단순한 감정이 아니라, 정의로운 행동과 공동체적 질서를 위한 윤리적 동기로 작용하며, 훌륭한 정치 지도자나 시민을 형성하는 데 필수적인 정신적 요소였다.

따라서 경영 철학의 관점에서 기업가 혹은 기업가 정신을 논의할 때, 이를 단지 '혁신'이라는 개념으로만 설명하는 데에는 근본적인 한계가 존재한다. 특히 AI 시대에 있어 혁신이라는 용어는 자칫 기술 결정론적 관점으로 기울 가능성이 크며, 이로 인해 철학적 사유는 기술적 문제로 축소되거나 왜곡될 우려가 있다. 다시 말해, 기업가 정신을 기술 혁신의 문제로만 접근할 경우, 그 본래의 인간적 · 정신적 차원이 간과될 수 있다.

슘페터나 드러커의 기업가 정신으로서의 '혁신'은 인간 정신의 내면적 요소인 '티모스'를 사유의 중심에서 자연스럽게 배제하는 경향이 있다. 즉, 존재적 관점보다는 경험적 관점에 중점을 둔 한계이기도 하다(전인수, 2016). 이러한 한계를 극복하고 철학적 질문으로 돌아가 티모스에 대해 다시 생각해 봐야 한다.

티모스와 경영 철학

아리스토텔레스는 《수사학》에서 논리적 근거와 삼단논법, 귀납법, 연역법을 말하는 '로고스(logos)', 연설자의 인품과 평판으로 청중의 신뢰를 형성하는 '에토스(ethos)', 청중의 감정과 공감을 이끌어 내는 요소로 연설자의 진정성을 말하는 '파토스(pathos)'를 제시했다(이희학, 2018).

한편, 티모스는 인간이 단순한 물질적 존재가 아니라, 자기 존엄성과 도덕적 정당성에 대한 인정을 추구하는 '본원적 욕구'를 지닌 존재임을 의미한다(Fukuyama, 2018). 즉, 인간은 본원적 욕구로 인해 타인에게 자신의 가치를 인정받고자 하며, 이는 인간을 단순한 생물학적 존재가 아니라 도덕적 · 정신적 존재로 이끄는 핵심 동력이다.

이는 현대 기업 경영에서도 개인의 자아 실현과 존엄성을 반영하는 인간 중심 경영 철학에 중요한 함의를 갖는다. 개인의 도덕성과 정체성은 단순한 기능성이 아니라, 공동체 내에서의 의미 있는 인정 체계 속에서 형성된다(MacIntyre, 2007).

민츠버그(Mintzberg, 2009)는 조직을 단순한 기술 시스템이 아닌 가치와 의미를 공유하는 철학적 공동체로 보아야 한다고 강조했다. 조직의 구성원들은 단순한 효율적 자원이 아니라 자존감과 인정받고자 하는 욕구(티모스)를 지닌 존재이며, 이러한 특성을 존중하는 리더십과 조직 문화가 지속 가능한 경영의 핵심이 된다. 예를 들어 ESG 경영은 단기적인 성과보다 사회적 책임과 윤리적 정당성을 더 중요하게 생각하는데, 이는 사람들의 '올바름에 대한 인정' 욕구, 즉 티모스와 일치한다.

티모스는 인간의 고유한 본질을 의미하기에, 기술이 인간을 대체하는 시대에서 경영은 효율성을 넘어 인간 정체성과 인정 욕구를 수용하는 방향으로 나아가야 한다(Frederick et al., 2007).

경영 철학에서 티모스에 기반한 중요성은 다음과 같은 몇 가지 특징으로 구체화할 수 있다.

첫째, 경영은 기술을 말하기 전에 인간적 기반 위에 이루어져야 한다. 전통적 경영은 자원 배분, 성과 창출, 효율성 중심으로 이뤄졌지만, 오늘날 기업은 구성원 한 사람 한 사람의 존재 의미와 동기를 이해하고 존중하는 인간 중심 경영으로 전환하고 있다.

이 과정에서 티모스는 조직 구성원들의 명예, 자존, 정당한 인정에 대한 욕구를 경영 철학적으로 통합할 수 있는 개념이다. 예컨대, 단순한 보상 체계가 아니라 "왜 이 일을 하는가", "내가 어떤 의미를 가지는가", "나는 조직 내에서 존중받고 있는가"라는 질문에 대한 해답을 조직이 제시할 수 있어야 하며, 이는 곧 구성원의 티모스를 만족시키는 리더십의 과제다.

둘째, 기업의 정의에 정당성이 부여되어야 한다. 기업은 단순한 이윤 추구 집단이 아니라, 사회적 정의, 윤리적 책임, 그리고 구성원 및 외부 이해관계자에게 정당성을 인정받는 사회적 실체다. 티모스는 조직이 사회로부터 "정당하게 평가받고자 하는 욕구", 구성원 개개인이 "스스로를 정의롭게 여기고자 하는 열망"으로 작동하며, 경영 철학이 그 방향성을 제시한다.

셋째, AI 기술 시대에 인간 회복을 놓치지 않아야 한다. AI, 자동화, 빅데이터 등 기술이 인간의 역할을 대체하는 흐름 속에서, 인간다움의 본질, 즉 감정, 윤리, 의미, 인정의 욕구는 더욱 중요한 가치로 부각된다. 이때 티모스는 기계가 대체할 수 없는 인간의 내면적 욕구를 상징하며, 경영 철학은 이에 기반해 "기술 안의 인간"이 아니라 "인간 안의 기술"이라는 관점을 유지하게 한다. 시스템이 발달할수록 관계 및 상호작용을 통해 가치가 만들어지기 때문에 사람들 사이의 연결성, 친밀감, 공감이 매우 중요하다. 이 상호작용의 중심에 '생명'이 있다(이완형, 2024).

그러면 경영 철학에서 티모스를 어떻게 구현할까?

첫째, 명예와 존중을 기반으로 하는 리더십을 구축해야 한다. 구성원을 통제의 대상이 아니라 인정받아야 할 존재로 이해하는 리더십이 반영되어야 한다.

둘째, 조직 문화가 변해야 한다. 성과 지상주의가 아니라 상호 존중, 의미 공유, 공동체적 자긍심을 강조하는 문화로의 변화가 반영되어야 한다.

셋째, 성과 관리가 다양한 개인 및 사회적 욕구를 포함해야 한다. 물질적 보상뿐 아니라 공정한 인정, 칭찬, 사회적 기여의 가시화 등 '존재의 가치'를 보상하는 시스템으로 반영되어야 한다.

넷째, 기업의 사회적 책임에 대한 실질적 실행이 목표가 되어야 한다. 자기 기업 중심만의 이익이 아닌 정당성의 인정을 경영의 궁극적 목표로 삼는 철학이 반영되어야 한다.

이러한 티모스의 구현은 일시적 구호로서가 아니라

기업의 경영 철학 수립에서 시작된다. 티모스를 기반으로 한 경영 철학은 인간 중심의 존중과 인정의 욕구를 기업 운영의 핵심 가치로 삼는다. 기술 발전 속에서도 인간의 의미와 존엄성을 유지하는 리더십과 조직 문화를 구축한다. 이를 통해 기업은 이윤을 넘어 사회적 정당성과 공동체적 책임을 실현한다.

참고문헌

김선희(2012). 《과학기술과 인간 정체성》. 아카넷.

김정아(2022). 4차 산업 사회의 기술 철학적 함의. 《철학·사상·문화》, 39호. 172~205쪽.

손화철(2021). 《미래와 만날 준비》. 책숲.

안연식(2020). 《기술경영》. 창명.

위키백과. 기술철학.

이완형(2020). 휴머니티 기술경영에 관한 연구: 경영과 기술 철학 관점에서. 《무역연구》. 16권 3호, 261~280쪽.

이완형(2024). 《AI 비즈니스, 생명 가치 경영으로 전환》. 커뮤니케이션북스.

이지연 외(2016). 《기술, 인간, 문화》. 연세대학교 대학출판문화원.

이희학(2018). 로고스, 에토스, 파토스, 그리고 영성. 《구약논단》. 24권 2호, 7~9쪽.

전인수(2016). 《철학으로 본 앙트러프러너십》. 살림.

한양대학교 과학철학교육위원회(2017). 《과학기술의 철학적 이해 1》. 제6판. 한양대학교 출판부.

황수영(2025). 《기술 철학과 인공지능》. 커뮤니케이션북스.

Baruzzi, A.(1996). *Alternative Lebensform?*. 양우석 옮김(1996).

《대안적 삶의 형식-기술 시대 인간의 삶에 대한 한 반성》. 서광사.

Frederick, H., et al.(2007). *Entrepreneurship: Theory, Process, and Practice.* Cengage Learning.

Fukuyama, F.(2018). *Identity: The Demand for Dignity and the Politics of Resentment.* Farrar, Straus and Giroux.

Jonas, H.(1987). *Technik, Medizin und Ethik.* 이유택 옮김(2005). 《기술 의학 윤리: 책임원칙의 실천》. 솔.

Kapp, E.(2015). *Grundlinien einer philosophie der Technik.* 조창오 옮김(2021). 《기술 철학 개요: 새로운 관점에서 본 문화 생성사》. 그린비.

Leonhard, G.(2016). *Technology vs Humanity: The coming clash between man and machine.* Fast Future Publishing.

MacIntyre, A.(2007). *After Virtue: A Study in Moral Theory*(3rd ed.). University of Notre Dame Press.

Mintzberg, H.(2009). *Managing.* Berrett-Koehler Publishers.

03
남다른 차이의 사람들

남다른 차이는 단순한 재능이나 성과의 문제가 아니라, 자기 일에 대한 철학적 접근과 인간 존재에 대한 깊은 성찰에서 비롯된다. 이들은 기술이나 효율을 넘어, 삶과 예술, 경영과 사회를 아우르는 본질적 질문을 던지고, 이를 실천하는 방식으로 삶의 차이를 만들어 낸다. 결국 남다름은 사고의 깊이, 가치 지향성, 그리고 존재에 대한 책임 의식에서 결정된다.

AI와 난임 극복?

남다른 차이

똑같다고 여기는 일을 수행하지만, 남다른 자취를 남긴 사람들이 있다. 이들은 무엇이 다른 것인가, 재능? 머리? 실력? 운? 재력? 이 모두가 될 수도 있고, 아닐 수도 있다. 그러나 핵심은 자기 일에 대한 철학이 남다른 데에 있다.

철학을 전공한 첼리스트

언젠가 매우 신선한 충격의 기사를 접한 적이 있다. 그것은 바로 세계적인 첼리스트 장한나 양이 하버드대학교 철학과에 입학했다는 소식을 접한 때였다. 첼리스트가 철학을 공부한다는 신문 기사를 보고 그의 음악이 추구하는 세계가 남다르다는 생각으로 매우 고무되었던 저자의 기억이 있다. 그녀는 왜 음악을 공부하지 않고 철학을 공부하는 것일까? 그것도 어린 나이에 어떻게 그런 결정을 할 수 있을까?

장한나 양은 6세에 첼로를 시작해 12세에 로스트로포비치 콩쿠르에서 우승하는 등 천재 소녀로 주목받았다. 이후 세계적인 첼리스트들의 후원을 받으며 국제 무대에 섰다(김호정, 2019.11.11).

첼리스트로서 눈부신 활약을 이어가던 그녀는 점차

음악에 대한 더 넓은 시야와 표현의 가능성을 모색하게 되었고, 2007년 지휘자로 데뷔한 그녀는 첼로 레퍼토리의 한계를 느껴 지휘를 선택했다고 회상했다. "망원경을 보고 싶은데 현미경을 보는 듯했다"며 교향곡을 공부하기 시작했다고 전했다(소봄이, 2019.11.12).

그녀가 첼리스트로 연주자의 여정을 이어갈 때, 스승 미샤 마이스키는 "연주를 잘하는 사람은 손으로 소리를 내고, 그보다 더 잘하는 사람은 머리로 소리를 내지만, 정말로 잘하는 사람은 가슴으로 소리를 낸다"고 조언했다. 브람스의 작품을 연습할 때, "브람스가 누군지 아느냐, 왜 그는 이 작품을 썼겠느냐"고 물으며 악보를 깊이 생각하고 느끼도록 이끌었다. 또한 지휘자 주세페 시노폴리의 영향을 받아 음악의 심리학적 의미를 분석하는 접근을 배웠다. 그는 베르디의 작곡을 치밀하게 분석하여 독창적인 해석으로 평가받았다(한기홍, 2013.8.21).

장한나는 하버드대학교 철학과에 입학하여 '마인드 브레인 앤 비헤이비어(MBB: Mind Brain & Behavior)'라는 다소 생소한 학문을 전공했다. "마음과 뇌와 인간의 행태를 연구하는 학문이에요. 사회학과 수학, 컴퓨터 공학, 철학, 심리학 등 특정 분야에서 MBB 트랙을 선택해 공부할 수 있는 겁니다. 그런데 저는 그 특정 분야 중 철학을 선택한 거죠. 순수 철학이 아니라 철학 · 심리학 · 행동과학 그 세 개를 포괄적으로 공부해야 하는 힘든 과정입니다.” 그녀는 철학과 문학에 대한 관심이 음악에 종속되지 않는 독자적인 관심 영역이라고 공부하는 이유를 밝혔다(한기홍, 2013.8.21).

지휘자로서 그녀는 “오케스트라가 가장 필요로 하는 지휘를 하는 것”을 목표로 삼는다. 아름다운 소리보다 음악에서 느껴지는 감정을 최대한 표현하여 청중에게 전하는 것을 중요하게 생각한다(YTN, 2019.11.20). 로스트로포비치(20세기 첼로의 거장) 선생님은 어린 장한나에게 ‘한 달에 네 번 이상 연주하지 말기, 음악 안 하는 친구들이랑 열심히 놀기, 중학교 열심히 다니기’ 등을 조언했다. 그녀는 이를 잘 지켜 스트레스를 덜 받고 성장할 수 있었다고 회상한다(김호정, 2019.11.11).

마음의 소리와 일치시키는 피아니스트의 루바토

피아니스트 임윤찬은 국내에서만 교육을 받았음에도 불구하고, 2022년 반 클라이번 국제 피아노 콩쿠르에서 역대 최연소인 18세의 나이로 우승을 차지했다. 반 클라이번 콩쿠르는 쇼팽 콩쿠르, 차이콥스키 콩쿠르와 함께 세계 3대 콩쿠르로 평가되며, 세계적인 권위와 명성을 자랑하는 대회다(임석규, 2022.6.19).

우승 후 인터뷰에서 그는 "결과에 크게 연연하지 않았다"며, "모든 무대를 후회 없이 즐겼기 때문에 결과는 그저 따라오는 것이라고 생각했다"고 말했다(KBS News, 2022.6.22). 그는 콩쿠르에서 연주할 때 남다른 태도를 견지했다. "어떻게 기능적으로 완벽한 연주를 할 것인가"를 고민하기보다는, 자신이 연주할 라흐마니노프의 작품에서 그 음악적 유산을 깊이 있게 전달해야 한다는 사명감에 집중했으며, 그 외의 다른 요소에는 신경 쓸 여유가 없었다고 밝혔다.

나아가 그는 "잘나가는 피아니스트가 되는 건 정말 싫다"고 언급하며, 화려한 스포트라이트보다는 음악의 본질에 몰두하는 것이 자신의 지향점임을 강조했다. 바흐, 모차르트, 베토벤, 쇼스타코비치, 브루크너 같은 거장들의 음악을 깊이 있게 연구하고 연주하는 것이 중요하다고 강조했다(JTBC Entertainment, 2024.5.30).

임윤찬은 루바토(rubato)에 대해 깊은 성찰을 지니고 있다. 루바토는 이탈리아어로 '도둑질하다'라는 뜻에서 유래한 용어로, '시간을 훔친다', 또는 '시간을 자유롭게 다룬다'라는 의미로 발전했다. 음악적으로는 연주자가 의도적으로 템포를 유연하게 조절하여 음악적 표현을 극대화하는 기법을 의미한다. 그는 19세기와 20세기의 음악가들이 지닌 자연스러운 박자 감각을 루바토로 언급하며, 자신 역시 그러한 자유로움을 추구한다고 밝혔다. 특히 리스트가 제자에게 "나무의 뿌리와 가지는 고정되어 있지만, 잎은 바람에 따라 자유롭게 흔들린다"고 비유한 사례를 인용하며, 루바토의 본질은 자연스럽고 유기적인 연주에 있다고 설명했다. 임윤찬은 이러한 자유로운 루바토의 미학을 구현하는 피아니스트로서의 연주를 지향하고 있다.

결국 루바토를 추구하는 음악은 단순한 기능적 자유로움에 그치는 것이 아니라, 연주자가 작품에 대한 깊은 철학적 성찰과 음악적 이해를 바탕으로 발휘하는 표현상의 자유로움에서 비롯된다.

자연과 인간의 조화를 노래하는 건축가

안도 다다오(1941~)는 일본 오사카 출신의 세계적 건축가로, 1995년 프리츠커 건축상(Pritzker Architecture Prize) 수상자다. 프리츠커 건축상은 건축 분야에서 세계 최고 권위를 지닌 상으로 평가받고 있다.

그의 건축은 정제된 기하학적 형태, 자연과의 조화, 그리고 빛의 극적인 활용으로 잘 알려져 있으며, 젠

(Zen) 철학과 현대적 미니멀리즘이 융합된 독창적인 건축 언어를 형성했다. 젠 철학은 단순한 양식적 차원을 넘어서 존재, 공간, 인간, 자연 간의 관계성을 탐구하는 철학적, 미학적 체계로 볼 수 있다.

그의 건축 철학은 첫째, 건축이 자연과 대화하도록 설계해 환경을 훼손하지 않고 조화를 추구한다. 둘째, 감각적 경험을 강조해 공간이 시각뿐 아니라 촉각, 청각까지 자극하도록 설계한다. 셋째, 노출 콘크리트를 사용하여 거칠면서도 정제된 콘크리트 표면으로 빛과 그림자의 변화를 극대화한다(Heathcote, 2024.10.23). 그의 건축은 주로 빛, 물, 공간의 조화를 강조한다. 안도는 건축을 통해 인간의 공간 경험을 심화시키고, 자연과의 긴밀한 연결성을 실현하는 것을 중시한다. 그의 작품에서는 빛과 그림자의 대비를 통한 시각적 미학과 자연 환경과의 유기적 통합이 두드러지게 나타난다. 또한 안도의 디자인 철학은 간결함과 절제의 미학에 기반을 두고 있으며, 불필요한 장식을 철저히 배제하고 본질적인 형태와 기능에 집중한다. 이러한 접근은 그가 추구하는 '순수한 공간'(pure space)을 창조하는 데 핵심적인 역할을 한다(위키피디아, 안도 다다오).

그의 대표작 중 하나인 '빛의 교회'는 빛을 건축의 중요한 요소로 보고, 이를 통해 공간의 감각을 극대화한다. 그는 "빛은 희망을 상징한다"며, 빛이 공간에 미치는 영향을 깊이 이해하고 있다. 특히, 물, 바람, 돌 등 자연 요소를 적극적으로 도입하여, 건축물과 자연이 조화롭게 어우러지도록 설계한다.

그는 '행복은 무엇인가'란 질문에 "목표를 향해 자신을 잊을 정도로 열중하는 것"이라고 답했다. 미래의 건축가들을 향해 그는 "근시안적이고 단기적인 이익만을 추구해선 안 된다. '인간의 행복이란 무엇인가' '세계는 어떤 모습이 돼야 하는가'란 질문에 확고한 비전이 있어야 한다"고 당부했다(이옥진, 2022.2.19).

공학 기술에 인문주의 철학을 실현한 기업가

마이다스아이티의 이형우 회장은 공학 기술 및 기술용 소프트웨어를 개발하고 보급하는 데 주력해 왔다.

이 회사는 현재 글로벌 네트워크를 가진 공학 기술용 소프트웨어 개발 및 구조 분야의 세계적인 전문 기업이다. 종업원에 대한 대우 면에서 초봉, 학자금 지원, 일류 호텔 수준의 식사 제공 등 파격적인 복지 환경은 웬만한 대기업을 훨씬 상회한다. 4무 경영(무스펙, 무경쟁, 무징벌, 무정년)을 실현하며 연 매출 1,000억 원대 기업으로 매출액의 1%에 달하는 금액을 사회로 환원하고 있다. 사내 복지 제도가 입소문이 나면서 입사 경쟁률은 1,000 대 1을 웃돌고 있다.

마이다스아이티는 구성원들의 자율성을 인정하면서도 즐겁게 일하게 하는 '인간 존중'의 경영 철학을 실천하고 있다. 이형우 회장은 "경영은 사람에 의한 사람을 위한 일이다. 결국 경영의 답은 사람에 있다"며, 사람 중심 경영을 강조한다. 그의 철학은 구성원을 '시키는 일만 처리하는 단순노동자'로 대하지 않고 그들의 가슴과 머리에 숨어 있는 잠재력을 어떻게 이끌어낼지 고민한다(이완형, 2023).

회사는 특별히 사람 경영에 과학적 접근을 통합한 '통합 역량 모델 이론(NCT: Neuro Competency model Theory)'을 개발해 사람 중심과 과학 기반의 경영을 중심으로 보고, AI 기술을 물리학, 생물학, 신경학, 심리학에 연계하고 융합하여 인간의 개발과 성장을 위한 새로운 역량 모델을 제시했다.

이형우 회장은 AI 기술을 사용하고 있지만 본질은 사람에 있음을 강조한다. 심리학, 신경과학, 생물학을 기반으로 하는 인간의 속성을 효과적으로 측정하고 경영에 적용하기 위해 딥러닝 기술을 사용할 뿐이라고 말한다. 모든 게 사람으로부터 만들어지고 사람으로부터 평가를 받는 것이니까 사람에 대한 이해가 경영의 승패를 좌우한다고 생각을 했고, 그래서 사람에 대한 연구를 하게 되었다고 한다.

"경영학자들이 이야기하는 경영은 어떻게 보면 현상을 묘사하는 학문 같아요. 결국 사람의 내면을 이해하기가 어렵다 보니 들어가는 것과 결과만 따지고 실제로 사람 안에서 무엇이 일어나는가는 잘 모르는 거죠. 그런 행동주의적인 경영 사조가 지금까지 쭉 이어왔다고 봅니다"(브레인미디어, 2022.8.1).

한 달에 손님 10명만 받는 사진관 포토그래퍼

배우 프로필 사진을 전문으로 하는 세이큐 스튜디오 김세규 대표 이야기다. 주로 배우를 꿈꾸는 지망생들이나 무명 배우들이 세이큐 스튜디오를 찾는다.

이 스튜디오는 한 달에 10명만 받으며, 촬영 전 일주일간 워크숍을 진행해 배우가 자기 자신을 발견하고 내면을 드러낼 수 있도록 돕는다. 김 대표는 유학 시절 한 교수로부터 "좋아하는 것 100가지 적기"라는 과제를 받고 자신조차 몰랐던 자신을 발견했던 경험을 배우들에게도 적용한다. 그는 "배우는 자기 자신을 알아야 사진 속에서 자신의 매력과 장점을 드러낼 수 있다"고 말한다.

사진관의 철학은 단순한 고객 만족을 넘어서 있다. "일반 사진은 돈 낸 고객이 만족하면 끝이지만, 프로필 사진은 그 사진을 보고 누군가가 연락을 해야 성공한 사진입니다." 김 대표는 사진의 '승률'을 30%로 설정하고, 열 장의 사진 중 세 장은 오디션 연락이 오도록 촬영의 질을 높이고자 한다. 배우의 내면을 이끌어 내는 대화를 통해 진정한 자신이 반영된 이미지를 담는 것이 목표다(CCBBLAB, 2020.1.6).

이 다섯 명의 인물들은 각기 다른 영역(첼로 연주, 피아노 연주, 건축, 기업 경영, 사진)에 있으면서도, 자신의 일에 철학적 통찰을 더함으로써 남다른 흔적을 남겼다.

장한나는 철학과 심리학을 통해 음악을 새롭게 해석하고, 임윤찬은 고전 음악가의 깊은 내면을 루바토로 재현하며, 안도 다다오는 빛과 자연의 언어로 건축을 수행하며, 이형우 회장은 과학과 인간 중심 경영을 결합하여 혁신을 이끌고, 김세규는 한 사람의 존재를 묻고 드러내는 사진을 통해 예술의 본질에 다가간다.

이들의 사례는 다음과 같은 메시지를 전한다. "탁월함은 기법만이 아니라, 그 일을 해석하고 살아가는 태도와 철학에서 비롯된다." 즉, 남다른 차이는 삶의 방식에 대한 깊은 사유에서 비롯되며, 그것은 곧 '자기만의 철학'을 갖는 데서 출발한다.

참고문헌

김호정(2019.11.11). "첼로는 현미경, 지휘봉은 망원경" 지휘자 된 장한나. 중앙일보.
https://www.joongang.co.kr/article/23629838

브레인미디어(2022.8.1). [파워브레인 인터뷰] 이형우 ㈜마이다스아이티 회장.
https://www.brainmedia.co.kr/OPINION/22899

소봄이(2019.11.12). '데뷔 25주년' 장한나, 첼리스트에서 지휘자로 길을 바꾼 이유. 세계일보.
https://www.segye.com/newsView/20191112503354

위키디피아. 안도 다다오(Tadao Ando).

유창조 · 정기원(2017). '마이다스아이티'의 '자연주의/인본주의' 철학에 기반한 관리체계에 관한 사례연구. 《KBR》. 21권 3호, 171~189쪽.

이옥진(2022.2.19). 안도 다다오 "건축가는 복서와 같다...순수하고 고독한 싸움 극한서 빛보인다". 조선일보.
https://www.chosun.com/national/weekend/2022/02/19/H6LS2AW4F5AFDDCTBFZ4UPI7YI/

이완형(2023). 《디지털 비즈니스 트랜스포메이션: AI · 기후위기 시대의 경영 이해》. 교문사.

임석규(2022.6.19). 18살 임윤찬, 반클라이번 피아노 콩쿠르 최연소 우승. 한겨레.
https://www.hani.co.kr/arti/culture/music/1047531.html

한기홍(2013.8.21). 우리 시대의 거장, 스승을 말하다⑥ – "카라얀의

베토벤 해석, 시노폴리의 인문정신에 경탄". 지휘자·첼리스트 장한나. 월간중앙.
https://www.m-joongang.com/news/articleView.html?idxno=298631

Archova(2024.10.25). Exploring the Mastery of Tadao Ando: The Genius of Contemporary Architecture.
https://archovavisuals.com/exploring-the-mastery-of-tadao-ando/

CCBBLAB(2020.1.6). 한달에 손님 10명만 받는다, '궁금한 사진' 찍는 사장님. dcinside.
https://gall.dcinside.com/board/view/?id=ccbblab&no=2393

Heathcote, E.(2024.10.23). Tadao Ando: the self-taught contemporary architecture master who 'converts feelings into physical form'. Wallpaper.
https://www.wallpaper.com/architecture/tadao-ando

JTBC Entertainment(2024.5.30). 세계를 놀라게 한 20살 피아니스트 '임윤찬'이 음표 뒤에 있는 자신만의 해석을 찾아가는 방법 | 임윤찬의 고전적 하루.
https://www.youtube.com/watch?v=ABXbkUra7Lk

KBS News(2022.6.22). [단독 인터뷰] 역대 최연소 우승, 임윤찬 "잘 나가는 피아니스트 되기 싫어".
https://youtu.be/59x3C-0-8Mc?si=dZCv3C_MsfXky_-S

YTN(2019.11.20). 82년생 장한나 "지휘자, 실력 있으면 끝나는 거예요."
https://www.ytn.co.kr/_ln/0134_201911201010064728

04
남다른 차이의 기업들

남다른 경쟁력을 지닌 기업들은 어떤 고유한 특성과 공통점을 갖고 있을까? 이들은 경영 철학을 실천의 중심에 두며, 인간 존중, 사회적 책임, 지속 가능성, 혁신을 경영 전반에 구체화한다. 단순한 성과를 넘어 기업 존재의 목적과 사회적 역할을 성찰하고 이를 제품, 서비스, 조직 문화에 일관되게 반영한다. 경영 철학은 기업의 지속 가능한 경쟁 우위와 사회적 신뢰를 구축하는 실천적 기반이 된다.

AI와 사주?

남다른 경영

기업들의 경영 환경은 치열한 경쟁 속에 있다. 이 경쟁을 이겨 나가는 방법은 비슷한 것 같지만 기업마다 다르다. 그 다른 것은 무엇인가, 재무 구조? 맨 파워? 경영 전략? 마케팅? 리더십? 남다른 기업들은 모두가 다른 분야이지만 공통점이 있다. 경영 철학이 기업 경영의 중심 원칙으로 자리 잡고, 실제 사업 전반에서 구체적으로 실현되고 있다는 점이다.

남다른 창업 정신, 유한양행

유한양행은 1926년 12월 20일 종로 2가 국일관 골목에 자리 잡고 있던 덕원빌딩 안에 창립했다(김성수, 2002). 창업자 유일한은 당시 무지, 기아, 질병을 우리나라의 3대 공적으로 간주했다. 이 가운데 무지는 학교와 언론을 통해 어느 정도 성과를 거두고 있고 , 기아는 단시일 내에 몇몇 사람의 힘으로 개선되지 않지만, 질병은 독지가와 전문가들이 조금 노력하면 비교적 짧은 시간 안에 많이 퇴치할 수 있다고 생각하고 의료 사업에 전념하기로 했다.

유일한의 경영 철학에서 가장 기초적인 것은 '기업은 개인의 것이 아니며 사회와 종업원의 것이다'다. 기업 이익을 세 가지로 사용하기로 한다. 첫째, 기업을 키워 경쟁력을 제고해 일자리를 만들고, 둘째, 정직하게 납세하며, 셋째, 남은 것은 기업을 키워 준 사회에 환원한다는 것이다(노부호, 2010).

오늘날 기업 경영이 주주 중심에서 이해관계자 중심으로 전환되고 있는 가운데, 그는 이미 선각자의 자세로 이러한 경영 철학의 기반을 구축했다. 유일한은 1920년대에 이미 오늘날의 이해관계자 중심 경영의 원칙을 정하고 그 방향성을 제시한 것이다.

유한양행은 유일한의 사업적 · 인간적 가치관을 바탕으로 경영 전반에서 인간 존중, 기술 개발, 품질 향상, 고객 봉사의 가치를 실천했다. 이러한 가치 실현의 근간은 창업자로부터 계승된 청지기 사상에 있다. 청지기란 기업과 재산을 이웃, 국가, 나아가 인류 전체를 위해 책임감 있게 관리하는 사람을 의미한다(김성수, 2004). 유한양행은 청지기 정신에 기반을 둔 경영 철학을 확립했다.

유한양행은 청지기 정신에 따라 전문 경영자에게 승계되었고, 경영 철학에 중심을 두고 가장 좋은 제품의 생산, 인재 양성, 기업 이윤의 사회 환원이라는 세 가지 핵심 가치로 계승 발전해 오고 있다.

불요불굴 정신, 교세라

일본에 '경영의 신'이라 불리며 존경받는 기업인이 있다. 교세라 창업자이자 명예회장인 이나모리 가즈오다.

그는 인본사상을 바탕으로 한 경영 철학에 따라 강자가 약자를 도와야 하며, 능력보다는 심성이 좋아야 개인도 기업도 성공할 수 있다는 주장을 펴 왔다. '직원의 정신적 · 물질적 행복 추구'를 회사의 경영 목표로 삼고 이를 실천해 왔다. 그는 철저히 계획적이고 과학적인 무차입 경영과 아메바 경영을 통해 자기 분열을 해 가는 아메바처럼 언제든지 모였다 헤쳤다 할 수 있는 독립채산제로 회사를 운영해 효율 경영의 모델을 만들어 냈다. 이는 상명하복식 구조를 탈피해 구성원들이 자율적으로 사고하고 혁신적인 결과를 내도록 유도한다.

기업을 경영할 때 마음가짐이 가장 중요한 요소다. 인생이나 일의 결과는 '사고방식×열정×능력'이라는 공식에 따라 결정된다고 생각한다. 서로 더하지 않고 곱한다. 예를 들어 '능력'이 80인 사람이 '열정' 10을 가지고 있다면 곱셈 결과는 800이 된다. 한편 '능력'이 40밖에 없는 사람이 '열정' 90을 가지고 있다면 곱셈 결과는 3,600이 된다. 그런데 공식은 여기서 끝나지 않는다. '사고방식'을 곱해야만 경영 철학 혹은 인생관을 반영한 식이 완성된다. -100에서 +100까지다. 극단적인 예지만 '세상은 어차피 모순투성이고 불공평해 다른 사람 것을 훔쳐서라도 잘살자'라고 생각하면, 이것은 대표적인 마이너스 사고방식이다. 이런 경우 '능력'과 '열정'을 곱한 값이 100이 된다 해도 마이너스인 '사고방식'을 곱하는 순간 그 결과는 반드시 마이너스가 된다"(이나모리 가즈오, 2015).

그는 불황을 이기는 네 가지 전략을 제시했다. ① 직원과의 신뢰 관계 유지, ② 비용 혁신, ③ 임직원의 전사적 영업 참여, ④ 장기적 안목의 신사업 개발(서진영, 2014)이다. 이러한 대응 전략은 단순한 구조조정이 아니라 구성원의 마음과 역량을 끌어내는 방식으로 작동했다. 교세라의 기업 이념 '경천애인(敬天愛人)'은 '하늘을 공경하고 사람을 사랑하라'는 정신을 바탕으로 자연, 사회, 인류와의 공존을 강조하며 더불어 사는(living together) 지속 가능한 성장을 이끌고 있다.

혁신의 아이콘, 테슬라

테슬라의 경영 철학은 단순한 전기차 제조사를 넘어 지속 가능한 에너지와 혁신을 통해 인류의 미래를 변화시키겠다는 비전을 핵심으로 한다.

이러한 비전은 테슬라의 모든 사업 영역에 일관되게 적용되며, 전기차, 에너지 저장 시스템, 그리고 최근의 이동형 저가 주택 개발에 이르기까지 광범위한 혁신을 추구하는 원동력이 된다. 테슬라는 혁신적인 제품 개발, 글로벌 시장 확대, 그리고 환경 보호를 위한 노력을 지속하고 있다.

핵심 가치인 '최고 추구, 위험 감수, 존중, 지속적인 학습, 환경 의식'을 바탕으로 전기차 혁명을 이끌고 있고, 단순한 자동차 제조사를 넘어 지속 가능한 모빌리티 솔루션 제공 기업으로의 도약을 목표로 한다(Pereira, 2025.3.14b).

최근에는 초소형 주택을 7,499달러에 제공한다고 발표했다. 단지 저가의 초소형 주택(tiny house)을 의미하는 것을 넘어서서 주택 시장의 판도는 물론 주거 생활의 패턴을 바꿀 혁신이다. 이는 일론 머스크의 미니멀리즘 철학을 반영한 지속 가능 프로젝트다(Tesla Car World, 2025.3.29). 이 주택의 혁신적 모델은 첨단 기술, 지속 가능한 생활, 미니멀한 디자인을 결합해 60분 만에 설치 가능한 모듈형 구조, 내구성이 뛰어난 소재, 태양광 에너지 시스템, 스마트 홈 기능 등을 갖추고 있다. 100% 자율 시스템을 탑재하여 스마트폰으로 모든 기능의 제어가

가능하고, 테양광 에너지를 활용해 외부 전략 공급이 없어도 운영이 가능하고, 친환경 재활용 소재를 사용해 지속 가능한 주거 솔루션을 창조했다. 가격 경쟁력, 친환경, 지속 가능성, 이동성과 확장성은 주택에 대한 고정관념을 완전히 바꿔 놓을 혁신이다.

지속 가능성은 테슬라의 미션(mission)이며, 지속 가능한 에너지와 혁신을 통해 인류의 미래를 변화시키겠다는 경영 철학이 그대로 혁신 제품으로 펼쳐지고 있다. 테슬라의 혁신은 기업 문화와 경영 전략에도 깊게 내재해 있다. 일론 머스크(Elon Musk)는 도전과 실패를 두려워하지 않는 문화를 조성하며, "제한 없는 사고"와 "최고의 엔지니어링 표준"을 강조한다. 이로써 테슬라는 기존 산업 규범을 깨는 파괴적 혁신(disruptive innovation)의 대표 기업으로 평가받고 있다.

심플함과 고객 경험 가치 추구, 애플

애플의 경영 철학이 반영된 사명 선언문(mission statement)은 "혁신적인 하드웨어, 소프트웨어 및 서비스를 통해 최고의 사용자 경험을 고객에게 제공하는 것"이다. 비전은 "지구상 최고의 제품을 만들고 세상을 우리가 발견했을 때보다 더 나은 곳으로 만드는 것"이다.

창업자 스티브 잡스(Steve Jobs)에 이은 최고경영자 팀 쿡(Tim Cook)은 애플이 추구하는 가치는 선을 위한 힘이며, 이를 달성하기 위해 혁신, 협업 및 다른 사람에게 봉사하는 데 집중한다. "우리가 만드는 기술, 우리가 만드는 방식, 그리고 우리가 사람들을 대하는 방식과 우리가 공유하는 지구. 우리는 항상 우리보다 더 나은 세상을 만들기 위해 노력하고 있다. 그것을 발견하고 다른 사람들도 같은 일을 할 수 있도록 강력한 도구를 만들기 위해 노력하고 있다."

애플의 두 가지 목표는 제품 디자인 리더십을 유지하고 탄소 중립을 달성하기 위한 노력을 이끄는 원동력이다. 또한 접근성, 교육, 환경 책임, 다양성 및 포용, 개인 정보 보호, 공급망 책임과 같은 핵심 가치를 통해 사회적 책임을 다하려는 의지를 보여 주고 있다. 애플은 단순한 기술 기업을 넘어 세상에 긍정적인 영향을 미치고자 하는 기업임을 강조하고 있다(Pereira, 2025.4.22).

애플의 이러한 경영 철학은 최상의 사용자 경험과 혁신적 제품, 그리고 품질 높은 서비스 제공으로 나타나고 있다. 스티브 잡스의 경영 철학인 심플함을 통한 혁신과 사용자 경험 중심의 가치 창출이라는 두 가지 축을 중심으로, 제품, 디자인, 조직 문화, 고객 관계 등에서 전방위적으로 영향을 미치고 있고, 오늘날에도 애플의 핵심 전략으로 계승되고 있다.

글로벌 일류 기업 추구, 삼성

삼성의 미션은 "우리는 우리의 인적 자원과 기술을 활용하여 우수한 제품과 서비스를 창출하고, 더 나은 글로벌 사회에 기여할 것이다"이며, 비전은 "사람들의 삶을 풍요롭게 하고 새로운 미래를 창조함으로써 사회적 번영에 기여하는 혁신적인 기술, 제품 및 디자인으로 세계에 영감을 주는 것"이다.

삼성은 사람과 사회를 생각하는 글로벌 일류 기업을 추구한다. '경영 이념, 핵심 가치, 경영 원칙'의 가치 체계를 경영의 나침반으로 삼고, 인재와 기술을 바탕으로 최고의 제품과 서비스를 창출해 인류 사회에 공헌하는 것을 궁극적인 목표로 삼고 있다. 이를 위해 삼성이 지켜나갈 약속인 5가지 경영 원칙을 세부 원칙과 행동 지침으로 구체화해 삼성전자 임직원이 지켜야 할 행동 규범(Global Code of Conduct)으로 제정하였으며, 모든 임직원의 사고와 행동에 5가지 핵심 가치를 내재화해 삼성전자의 지속적인 성장을 견인하고 미래 방향성을 제시한다.

경영 철학과 목표는 인재와 기술을 바탕으로 최고의 제품과 서비스를 창출해 인류 사회에 공헌하는 것이다. 핵심 가치는 인재 제일, 최고 지향, 변화 선도, 정도 경영, 상생 추구를 두고 인재와 변화와 사회와 지역사회 공동 번영을 위해 노력하는 기업의 이미지를 담고 있다.

삼성은 5가지 경영 원칙을 통해 실천 전략을 구체화했다. 첫째, 법과 윤리 준수. 둘째, 조직 청렴성 유지. 셋째, 고객 및 주주 가치 창출. 넷째, 환경과 안전의 중시. 다섯째, 사회적 책임 실천이다. 이 원칙은 글로벌 윤리 경영의 모범 사례로도 평가된다.

이러한 경영 철학은 제품과 서비스를 통해 사회적 책임을 다하며, 환경적으로 에코 관리 프로그램을 통해 자원 사용 효율성을 높이고, 사회 기여 프로그램을 통해 긍정적인 글로벌 영향력을 끼치고 있다(Pereira, 2025.3.14a).

일상 속 건강을 담은 새로운 카페, 부스틴

앞서 살펴본 사례들은 세계적인 글로벌 기업들이지만, 경영 철학은 대기업에만 국한되지 않는다. 소규모 기업에서도 사업의 비전과 방향성은 핵심적인 역할을 한다. 이는 경영 철학이 기업의 전략적 방향뿐 아니라 제품 구성과 고객 서비스의 품질을 결정하는 기준이 되기 때문이다.

최근 물가 및 식재료 원가 상승은 시장을 더욱 양극화하고 있다. 커피 시장에서는 대형 프랜차이즈의 가격 인상과 함께 저가 커피 브랜드 간의 경쟁이 심화되어 포화상태에 이르렀다. 반면, 스페셜티 커피 시장은 빠른 성장세를 보이며, 백화점 업계 역시 스페셜티 매장을 확대하고 있다(이효석, 2025.3.23). 이는 소비 심리가 시장을 한층 더 세분화하고 있음을 보여 준다.

저가 시장과 고가 시장 사이에서 소규모 기업은 어떤 전략적 위치를 선택해야 하는가? 저가의 가격 경쟁인가, 아니면 고가의 프리미엄 시장을 목표로 할 것인가?

부스틴(BOOSTN)은 창업 시 무엇보다도 경영 철학의 수립을 중요하게 생각한 기업이다. 이 기업 이재욱 대표와의 인터뷰(FGI)에서, 기업의 정체성을 세우고 브랜드를 만들 때 많은 연구와 시장 조사를 하여 독자적인 브랜드를 만들었다고 한다.

부스틴의 경영 철학은 "사람들의 건강과 노력의 문화를 만들어 자신과 사회에 선한 영향력을 창출하는 것"이다. 이는 이 기업의 정체성을 분명히 하여 제품 라인 방향과 서비스의 기준을 정하고 있다.

특히 건강을 추구한다는 점에서 자극적인 양념이나

소스 중심의 조리법은 배제되었다. 매일 섭취해도 질리지 않으면서 맛과 품질을 보장하는 샐러드를 핵심 가치로 삼고 있다. 건강을 모티브로 한 제품 라인은 자체 개발한 프로틴 음료, 차별화된 유러피언 샐러드, 건강한 재료의 스프, 그리고 커피와 티로 구성되어 있다.

메뉴는 고객이 건강한 식단을 자유롭게 조합할 수 있도록 다양한 샐러드 옵션을 제공하며, 저가부터 다양한 가격대를 구성해 단품 위주의 한계를 극복했다. 특히 기존 시장과 차별화된 유러피언 스타일 샐러드를 선보이며 고객들로부터 긍정적인 평가를 받고 있다.

챗지피티, 퍼플렉시티, 제미나이 등 지피티(GPT) 기반 AI 분석 툴을 통한 광화문 본점을 비롯한 지점들의 고객 리뷰 분석 결과, 부스틴은 고객들로부터 다음과 같은 평가를 받고 있다. 첫째, 재료의 신선도에 대한 만족. 둘째, 건강한 식문화 지향 브랜드로서의 정체성 인정. 셋째, 맛과 영양의 균형이 잘 잡힌 식사 대안이라는 점에서 긍정적 평가를 받고 있고, 특별한 목적 소비자인 다이어터들은 물론 헬스 매니아들도 건강한 식단으로 선호하고 있는 것을 알 수 있다. 또한 건강 관리에 민감한 고객들도 높은 만족도를 보여 지속적인 재방문 의사를 댓글에 나타내고 있다.

부스틴은 '건강과 노력의 문화'라는 가치를 기업과 고객이 함께 만들어 가고 있다. 기업은 건강한 문화를 위한 최상의 노력을 다하고, 고객은 스스로의 건강을 위한 실천에 참여함으로써 건강과 노력이라는 가치를 공동 창출(co-creation)하고 있다.

참고문헌

김성수(2004). 《성공한 창업자의 기업가 정신: 세계를 움직인 경영자들》. 2판. 삼영사.

노부호(2010). 유일한의 기업가 정신과 경영. 《경영사학》. 25권 4호, 5~35쪽.

삼성전자. 기업정보. https://www.samsung.com/sec/about-us/company-info/

서진영(2014.8). 불요불굴, 日 교세라 신화를 만든 힘. 《동아비즈니스리뷰》. 144~147.

이나모리 가즈오. 유윤한 옮김(2015). 《바위를 들어올려라》. 서울문화사.

이효석(2025.3.23). "커피는 스페셜티 마셔야 된대요"...고급 취향 백화점들 브랜드 유치전. 매일경제. https://mk.co.kr/news/business/11270767

Apple. Our Value. https://investor.apple.com/our_values/default.aspx

KYOCERA Korea. 경영방침/경영이념/경영사상. https://korea.kyocera.com/company/philosophy.html

Pereira, D.(2025.3.14a). Samsung Mission and Vision Statement. The Business Model Analyst.

https://businessmodelanalyst.com/samsung-mission-and-vision-statement/

Pereira, D.(2025.3.14b). Tesla Mission and Vision Statement. The Business Model Analyst. https://businessmodelanalyst.com/tesla-mission-and-vision-statement/

Pereira, D.(2025.4.22). Apple Mission and Vision Statement. The Business Model Analyst. https://businessmodelanalyst.com/apple-mission-and-vision-statement/

Tesla Car World(2025.3.29). $7,499 Tesla Tiny House Launch Shocking Real Estate Industry | What's Inside Is Unbelievable. https://www.youtube.com/watch?v=1cDvcZiwoQQ

Tesla. Impact Report. https://www.tesla.com/ns_videos/2023-tesla-impact-report-highlights.pdf

05
제품인가, 가치인가

초연결사회와 AI의 부상은 기업의 비즈니스 본질을 '제품 중심'에서 '가치 중심'으로 바꾸고 있다. 과거에는 제품을 생산하고 판매하는 일방적 가치 전달이었다면, 이제 고객과 기업은 플랫폼을 통해 가치를 공동 창출하며, 경험 자체가 핵심 가치로 작동한다. 기업의 경쟁력은 이제 '무엇을 파는가'가 아니라 '어떤 가치를 경험하게 하는가'로 재정의되고 있다.

AI와 아이돌?

비즈니스 패러다임의 변화

4차 산업혁명 이후 초연결사회의 도래로 기업의 비즈니스 관점도 변화했다.

첫째, 기업 경영은 고객과의 일차원 커뮤니케이션으로 이어지는 제품 중심의 경영에서 초연결 비즈니스로 바뀌면서 네트워크 상에서의 플랫폼을 통한 고객 중심의 경영으로 전환되었다. 이 플랫폼을 통해 고객과의 쌍방향 커뮤니케이션이 활발해지고 동시에 다차원적인 새로운 형태의 고객 개념을 구축한다.

둘째, 경계의 붕괴로 산업과 기업 간 새로운 연결이 자연스럽게 형성되고 있다. 이는 비즈니스 패러다임의 전환과 재편을 의미한다. 특정 산업으로 구분되던 고유 영역이 무의미해지면서, 기업이 어느 산업에 속한다고 규정하는 것 자체가 점점 의미를 잃고 있다. 대신 네트워크 기반의 플랫폼을 통해 새로운 형태의 산업 융합과 통합이 이루어지고 있다(이완형, 2023).

셋째, 전 산업 분야에서 비즈니스가 고객 중심으로 재편되고 있다. 고객은 수요자인 동시에 공급자, 평가자, 감시자의 역할을 동시에 수행한다. 모바일 기반의 개인 간 네트워크 연결은 고객을 기업 공급자에 대한 수요자로 한정하지 않고, 개인 대 개인 거래로 비즈니스 형태를 다양화시켰다. 이에 따라 기업과 고객은 완전히 새로운 차원의 관계로 전환되었으며, 일방적 제품 제공의 시대는 종말을 고했다.

넷째, 공급망 전반에서 비즈니스 프로세스의 혁신이 가속화되고 있다. 이러한 변화 속에서 프로세스 효율화의 핵심은 경쟁사보다 높은 운영 효율성과 고객의 요구에 맞춘 적시의 제품 및 서비스 제공 역량에 있다. 스마트 팩토리를 통해 개인 맞춤형 제품 생산이 현실화되며, 이는 사물인터넷과 빅데이터를 접목해 고객 니즈에 즉각 대응하는 제조 공정의 디지털화를 통해 가능해지고 있다.

다섯째, 비즈니스 모델의 변화다. 제품과 서비스를 결합한 맞춤형 솔루션 개발을 통해 지속적이고 고부가가치의 수익 창출이 가능한 모델로 전환되고 있다. 특히 AI는 데이터 기반의 가치 창출 방식을 통해 전통적 모델을 혁신하고 있다. 수집, 분석, 예측, 최적화, 자동화의 선순환 체계를 구축해 복잡한 의사 결정을 자동화하고 경영의 민첩성과 적응성을 높인다. AI는 생산 효율성 향상, 품질 개선, 비용 절감 등 운영 혁신뿐만 아니라 맞춤형 제품 · 서비스 개발과 신규 수익원 창출을 촉진한다(권보경, 2024).

가치 패러다임 변화

기업이 창출하는 가치에 대한 개념이 전통적인 사고에서 근본적으로 변화하고 있다.

전통적 가치 패러다임의 기본 가정은 '가치는 기업이 창출한다'는 것이다. 기업은 제품과 서비스를 스스로 결정하고, 그에 따른 가치를 독자적으로 규정하며, 시장은 소비자로부터 경제적 가치를 회수하는 접점이었다.

이에 따라 기업은 원하는 가치를 얻기 위해 제품 다양화, 효율성 제고, 고객 맞춤 전략 등을 실행해 왔다. 시장은 이미 창출된 가치를 교환하는 공간으로 간주되었고, 공급과 수요 간 효율적 균형이 기업 가치 사슬의 핵심 과제였다.

그러나 4차 산업혁명 이후 진행되고 있는 AI 시대의 새로운 가치 창출 관점은 소비자와 기업은 가치를 공동 창출한다는 관점이다. 전통적인 관점과는 출발부터 다르다. AI 시대에는 공동 가치 창출의 과정에서 경험이 가치의 본질적 기반이 된다. 개인과 개인이 경험하는 가치가 꼬리에 꼬리를 물듯 새로운 차원의 가치들을 창출해 낸다. 즉 개인화된 제품과 서비스가 생산된다.

소비자마다 창출하는 가치는 수백만 가지가 될 것이고, 이는 기업과 소비자의 다양한 상호작용 방법(SNS,

AI 에이전트, 챗봇 로봇 등)으로 새로운 가치 창출 프로세스가 만들어진다. 이러한 프로세스에서 가장 중요한 가치 창출의 핵심 키워드는 '경험'이다.

가치는 한번 만들어지고 고정된 개념이 아니라 그때그때 상황과 이에 참여하는 소비자에 의해 새롭게 결정된다. 이미 계획되고 결정된 상황에서 만들어진 제품이나 서비스에 가치를 부여하는 전통적 패러다임과는 전혀 다른 유연한 개념이다.

따라서 소비자에 대한 이해도 완전히 다르다. 즉 제품 중심의 인간 이해에서 인간 중심의 인간 이해로 바뀐다. 개인화되는 가치는 이를 더욱 강화하고 있다.

이런 면에서 기존의 '제품 중심 사회'와 'AI 중심 사회'는 전혀 다르다. 제품 중심 사회에서는 물질 중심의 윤리관 아래 생산 관리와 품질 관리가 도입되었고, 이를 효과적으로 수행하기 위해 마케팅이 활용되었다. 제품 경쟁력은 기업 경영의 핵심 원칙이었으며, 기업은 이에 따라 전략을 수립하고 기능들을 일직선상에 배치했다. 효율성(efficiency)을 높여 효과성(effectiveness)을 실현하고자 했으며, 시장 점유율(market share)은 이를 평가하는 핵심 지표가 되었고, 기업 이윤 역시 시장 점유율에 의해 결정된다고 보아 전략의 초점이 여기에 맞춰졌다.

그러나 AI가 주도하는 새로운 문명 사회는 겉으로 보면 디지털 기술, 로봇 등의 발달로 기계 중심의 사회로 가는 것처럼 보인다. 그러나 그 내용을 자세히 보면, 개인의 행복과 공동체의 유익이라는 인간 중심의 인간 이해를 요청받고 있고, 인간 이해는 곧 소비자 개개인의 '경험'과 맞물리고 있다. AI 시대 기업 경영은 바로 여기에 초점을 두어야 한다.

경험 경제로의 전환

AI는 인간 고객과 인간 현장 직원 사이의 전통적 소통 방식에서 점차 그 역할을 담당하고 있다.

서비스 현장에서의 AI는 '기계 기반의 서비스 주체'로서 인간을 대신해 상호작용한다. 이 AI는 고객 역할을 수행하는 비인간 존재인 'AI 고객'과, 직원 역할을 대신하는 'AI 직원'을 모두 포함한다. 이는 사람들이 일하는 방식을 바꾸고 있다.

AI 현장 직원은 기업을 대신해 고객과 상호작용을 한다. 예를 들어 호텔에 체크인한 고객은 AI 챗봇으로부터 룸과 서비스 만족도를 묻는 문자를 받을 수 있다. 인공지능 디지털 어시스턴트는 거의 완벽한 인간의 목소리로 예약과 상담을 수행한다. AI는 기존 전통적 고객 응대 방식을 변화시키며, 서비스 접점을 근본적으로 전환시키고 있다.

이처럼 경영과 관련된 의사 결정은 AI 기술을 활용해 수집된 데이터와 그 기능 덕분에 크게 향상되었다. 반면, 일부 영역에서는 인간의 업무가 AI에 의해 부분적으로 대체되고 있다. 고객 입장에서 AI의 도입은 서비스와의 상호작용 방식을 바꾸고 고객의 경험과 행동에 영향을 주지만, 사람 간의 직접적인 대면 접촉은 줄어들었고, 기술에 기반한 새로운 서비스 접점이 생겨나면서 다양한 고객의 니즈를 충족한다(김진한 · 김주한, 2023).

이 고객 니즈의 충족을 위해 기업의 제품과 서비스는 전통적 산업 경제(industrial economy) 개념에서 경험 경제(experience economy) 개념으로 전환되어야 한다. 즉 전통적 산업 경제는 생산성과 물질적 가치를 중요시하는 반면, 경험 경제는 소비자의 참여와 감성적 몰입을 강조한다.

경험은 개별적이고 기억에 깊이 남게 하는 방식으로 고객을 참여시키고 연계시킴으로써 부가가치를 창출한다. 기업은 감동적이고 기억에 남을 수 있는 경험을 고객에게 제공하고 그에 대한 대가를 부과함으로써 새로운 경험 경제로 옮겨 간다(Fitzsimmons, 2007).

경험 경제의 본질은 기업이 소비자와의 접점을 통해 감정적, 심리적 유대감을 형성하고, 이로 인해 고객의 기억 속에 지속적으로 남을 수 있는 차별화된 경험을 창출하는 데 있다. 기업은 제품이나 서비스 그 자체보다 고객의 오감(五感), 정서, 행동, 사회적 상호작용 등 다양한 차원에서 체험할 수 있는 스토리텔링과 브랜드 경험을 설계함으로써 가치의 중심을 전환한다(Schmitt, 1999).

고객 가치

고객 가치는 고객이 지불한 비용 대비 느끼는 혜택의 차이로 정의할 수 있다. "가치(value)=혜택(benefits)−비용(costs)"이다.

고객 가치를 구성하는 요소인 혜택과 비용의 개념은 다음과 같다. 혜택(benefits)은 고객이 제품이나 서비스를 이용함으로써 얻게 되는 이익을 의미한다. 혜택은 고객의 욕구와 기대를 충족하는 정도에 따라 달라질 수 있다. 예를 들어 자동차는 단순히 운송 수단으로서의 기능 외에도 자신의 품위를 나타내는 수단이 될 수 있다. 따라서 고객이 자동차를 통해 느끼는 혜택은 그 목적에 따라 크게 달라진다.

비용(costs)은 고객이 제품이나 서비스를 구매하고 이용하는 데 지불한 모든 금전적, 시간적, 심리적 비용을 포함한다. 고객은 지불한 비용을 초과하는 혜택을 느낄 때 가치를 인식하며, 혜택과 비용 사이의 차이가 클수록 고객이 느끼는 가치는 높아진다. 이러한 가치 인식은 고객의 만족도와 충성도를 결정짓는 중요한 요소가 된다.

고객 가치는 AI 시대 기업의 차별화 전략의 핵심이 된다. 기능과 효율성 중심의 AI 적용이 아니라 고객 개개인의 가치에 어떻게 AI 기술을 적용할 것인가다. 이때 동일한 가격대에서 경쟁사와 비교되는 품질과 혜택을 제공함으로써 고객 가치를 높일 수 있다.

기업은 고객 가치를 높이기 위해 서비스 품질을 개선하고, 추가적인 혜택을 제공하며, 고객의 비용을 최소화하는 전략을 취할 필요가 있다. 이를 통해 기업은 차별화된 경쟁력을 확보하고, 고객의 만족도와 충성도를 높일 수 있다.

AI 비즈니스에서 기업이 가치를 창출하는 세 가지 방법이 있다. 첫째, 가치 증가(value improvement)다. 제품의 속성을 향상시키는 것은 고객에게 제공되는 혜택을 증대시키며, 이는 결과적으로 제품 및 브랜드의 가치 상승으로 이어진다. 예를 들어 AI나 챗봇의 일률적인 채택이 아니라 고객 개개인에 대한 응답 시간, 전문성, 설명, 사후 관리, 거래 명확성 등의 제품 속성을 개선하면 고객이 느끼는 혜택을 높일 수 있다.

둘째, 가치 연장(value extension)이다. 고객의 입장에서 인식되는 문제 해결 능력을 확대하고, 이를 통해 제품이나 서비스가 제공하는 혜택의 폭을 실질적으로 확장하는 전략적 접근을 의미한다. 이는 고객이 본래의 서비스를 이용하는 동안, 사용 전과 사용 후에 필요한 혜택을 제공하는 것이다. 예를 들어 AI 글로벌 운송 회사의 경우 고객이 있는 곳에서 주문하고 화물의 이동 경로를 추적하는 확장된 서비스를 제공하는 AI 기반 화물 추적(AI-powered cargo tracking)을 제공한다. 위치 결정(GPS), 무선 주파수 식별(RFID), 사물인터넷(IoT) 센서와 같은 다양한 기술을 활용해 실시간 모니터링 서비스를 제공한다.

셋째, 가치 확장(value expansion)이다. 고객 경험을 기반으로 고객 기대를 확대하는 전략을 의미한다. 이는 단순히 고객의 문제를 해결하는 수준을 넘어, 고객이 긍정적이고 차별화된 경험을 체험하도록 유도함으로써 제품이나 서비스가 제공하는 가치를 실질적으로 확장하는 방식이다. 고객에게 특별한 경험을 제공함으로써 가치를 높인다. 예를 들어 리조트에서는 AI가 고객 데이터를 분석해 개인의 선호도와 행동 패턴을 파악하고, 이를 바탕으로 맞춤형 추천과 선호 경험을 사전에 제공한다. AI는 실시간 피드백 분석을 통해 고객 요구에 신속히 대응하며, 관심사에 맞는 이벤트 기획과 소통 플랫폼을 통해 고객 간 연결과 경험 공유가 가능한 커뮤니티를 형성해 충성도를 높인다.

이것은 경영 철학의 관점에서 보면, 기술 혁신과 인간 중심의 가치 실현 사이의 균형을 이루고, 책임감 있게 행동하며, 지속 가능성을 추구하고, 고객과 함께 가치를 만들어 가는 원칙으로 이어진다.

AI 시대의 기업은 단순히 효율성을 높이거나 비용을 줄이는 것을 넘어서, 고객에게 더 나은 경험을 제공하고 신뢰를 바탕으로 관계를 맺으며 지속 가능한 경쟁력을 갖추어 나가야 한다. 이러한 가치와 전략은 경영 철학이 제시하는 핵심 원칙에 기반하여 형성된다.

참고문헌

권보경(2024.6.1). AI시대 혁신 사례와 시사점 3: 비즈니스 모델 혁신. 《POSRI 이슈리포트》. 1~19쪽.

김진한 · 김주한(2023). 《AI와 서비스경영》. 법문사.

이완형(2023). 《디지털 비즈니스 트랜스포메이션: AI · 기후위기 시대의 경영 이해》. 교문사.

이완형(2024). 《AI비즈니스와 서비스경영》. 서울사이버대학교 출판부.

Fitzsimmons, J. A., & Fitzsimmons, M. J.(2007). *Service Management: Operation, Strategy, Information Technology*, 5th ed., Mcgraw-Hill International Edition.

Schmitt, B. H.(1999). Experiential Marketing: A New Framework for Design and Communications. *Design Management Review*. 19(2). Spring 1999. 19~26. https://www.academia.edu/33295895/Experiential_Marketing_Schmitt

06
마케팅 철학의 발전

마케팅은 단순한 판매 기법이 아니라 시대의 가치와 기술을 반영한 철학의 진화 과정이다. 제품 중심에서 인간 중심으로, 디지털 기술에서 몰입적 경험으로 이어진 변화는 기업의 존재 방식 자체를 다시 묻는다. 이는 단지 방법의 변화가 아니라, 경영 철학적 방향성을 담고 있다. 이 장은 마케팅 개념의 역사와 그에 내재된 철학적 전환을 탐색한다.

AI와 야구?

마케팅 개념 발전

마케팅의 발전은 크게 보면, 전통적인 마케팅 컨셉에서 디지털 마케팅 컨셉으로 전환되었다.

마케팅의 개념 발전은 마케팅 1.0에서부터 마케팅 6.0으로 변화했다. 이 개념의 변화는 마케팅의 세계적인 구루 필립 코틀러(Philip Kotler)가 구분한 것을 따른다.

첫째, 마케팅 1.0은 제품 중심 시대의 마케팅이다. 산업화 시대의 마케팅은 대량 생산된 제품을 단순히 판매하는 것이 목적이었다. 소비자는 수동적 존재이며, 생산 자체가 마케팅의 전제 조건이었다.

둘째, 마케팅 2.0은 소비자 중심 시대의 마케팅이다. 정보 접근성이 확대되며 소비자는 보다 능동적으로 제품을 비교 · 선택하기 시작했다. 하지만 기업은 여전히 소비자를 정복의 대상으로 보았고, 마케팅은 심리적 설득 기술에 치중했다.

셋째, 마케팅 3.0은 인간을 중요하게 보았다. 소비자는 단순한 기능적 만족을 넘어 정서적 · 영적 만족까지 추구하게 되었고, 기업은 사회적 가치(SDGs: UN의 지속 가능 개발 목표 등)를 반영하는 제품과 서비스 개발을 통해 공감 기반의 마케팅을 지향하게 되었다.

넷째, 마케팅 4.0은 디지털 마케팅으로의 전환이다.

하이테크(hi-tech)와 하이터치(hi-touch)의 결합이 핵심이다. 디지털 기술을 통해 고객을 정교하게 분석하지만, 여전히 인간 중심의 감성적 마케팅을 유지한다.

다섯째, 마케팅 5.0은 마케팅에서 기술이 인간을 위한 것(technology for humanity)임을 강조한다. 데이터 생태계를 기반으로 한 정교한 마케팅이 가능해졌으며, 인공지능, 빅데이터, 사물인터넷(IoT) 등 기술은 소비자 이해와 맞춤형 가치 제공의 도구가 되었다(필립 코틀러, 2021).

여섯째, 마케팅 6.0은 AI 시대 고객 경험을 진화시키는 매개체로서의 마케팅이다. 메타 마케팅(meta marketing) 개념으로, 고객의 오감과 공간, 가상환경(메타버스)까지 아우른다. 현실과 가상을 넘나드는 고객 여정 속에서 몰입적 경험이 중심이 된다. 고객은 기술의 수동적 수용자가 아니라 능동적 설계자이며, 기업은 물리적 · 디지털 통합 경험을 설계하는 존재로 진화한다(필립 코틀러, 2024).

마케팅 철학의 발전

마케팅의 개념 발전은 동시에 마케팅에서 어떤 철학을 가져야 하는가를 알려 주는 기준이 된다. 철학이 그때그

때 바뀌어야 한다는 것을 의미하는 것이 아니라, 기본적인 기업의 철학에 시대적 흐름이 반영되어야 한다는 것을 의미한다. 경영 철학이 존재하지 않는 것도 문제이지만, 한번 정한 비즈니스의 방향만 고집하고 변화를 수용하지 못하면 이는 더 큰 문제를 야기한다.

생산 중심 마케팅 철학

제품의 수요가 공급을 초과하는 상황을 전제로 한 마케팅 개념이다.

1920년대 대부분 제품이 수동으로 조립되어 생산되는 시기에는 생산비가 상대적으로 높을 수밖에 없고 가격도 높을 수밖에 없었다. 포드 자동차는 대량 생산을 위한 공장화를 통해 표준화와 규모의 경제를 이룩함으로써 비용 절감을 가능하게 했다. 포드는 상대적으로 낮은 가격의 자동차를 생산할 수 있었다. 즉 공급량이 상대적으로 수요에 비해 부족할 때의 생산자 중심의 마케팅 철학에 근거한다.

고객은 제품의 질적 수준보다는 제품 구입 가능성과 낮은 가격에 관심을 가지게 되고 기업은 생산비 절감을 통해 이윤을 창출한다. 프랑스 경제학자 장바티스트 세(Jean-Baptiste Say)의 '세의 법칙(Say's Law, '일명 세이의 법칙')'으로 알려진 '생산(공급)이 수요를 창조한다'라는 말이 통용되는 개념이다.

따라서 이 경우 마케팅 철학은 기업 활동의 본질을 생산 그 자체에 둔다. 기업은 효율성과 대량 생산, 표준화, 비용 절감을 통한 이윤 극대화에 초점을 둔다. 고객은 수동적인 수요자이며, 품질보다는 접근성과 가격을 중요시하기에, 이때의 경영 철학은 고객의 니즈보다는 생산 능력과 기술력 자체에 더 큰 가치를 부여하는 것이다.

제품 중심 마케팅 철학

제품 중심 마케팅은 대량 생산 체제 이후, 저렴한 가격의 제품이 보편화되면서 소비자들의 품질에 대한 기대가 높아짐에 따라 등장한 개념이다.

고객의 품질 불만이 증가하자 기업들은 기술적 완성도와 성능 향상에 집중하게 되었고, "좋은 제품이면 팔린다"는 마케팅 철학을 중심에 두었다. 이는 좋은 기술이면 좋은 제품을 만든다는 전제에 근거한다. 즉 "기술의 발전이 바로 사회의 진보"라는 생각은 20세기 초 테일러리즘과 기술 관료 운동의 핵심이었다(이두갑 · 전치형, 2001). 테일러리즘이란 생산 과정에서 필요한 지식과 기술을 적절히 활용해 최소 비용으로 최대 능률을

올리고자 하는 관리 이론으로 과학적 관리론(scientific management)이라고도 한다.

이러한 제품 중심 철학은 기업이 시장의 니즈보다는 기술력과 혁신에 집중하는 경영 방식을 택하게 한다.

그러나 이 철학은 소비자와 시장에 대한 깊은 이해 없이 기술적 우위만을 강조하며, 노동자의 창의성과 인간성을 기계적 · 신체적 관점으로 취급하는 위험이 있다. 특히 오늘날 스마트 팩토리 개념조차도 테일러리즘의 연장선상에 있다는 비판이 지속된다(김기홍, 2020). 따라서 제품 중심 마케팅은 본질적으로 고객 지향적 마케팅이라기보다 기술 우위에 기반한 판매 전략으로 해석된다(이완형, 2023).

판매 중심 마케팅 철학

소비자들은 그대로 두면 자사 제품을 구입하지 않기 때문에 기업은 판촉 활동을 적극적으로 추진해야 한다는 개념의 마케팅이다.

이미 만들어진 제품을 광고나 홍보 또는 판매 촉진 활동을 통해 판매 푸시(push)를 이루고자 한다. 광고나 홍보, 판촉 활동 자체를 마케팅이라고 여기는 관점이다. 지금도 많은 기업들이 판촉 활동을 통해서 이미 만들어진 제품을 밀어 내는(push) 마케팅 전략을 사용하며, 다양한 판매 기법이 동원된다.

이 개념에서는 마케팅의 토대가 되는 고객의 니즈에는 관심이 없고 오직 판매할 수 있는 제품을 만드는 일에만 집중한다. 단순히 '만든 제품을 판매'하는 것에 집중한다. 오늘날도 이와 비슷한 판매 활동은 넘쳐 난다.

마케팅 철학은 수요 창출을 위한 강제적 푸시 전략에 초점을 둔다. 고객은 그들의 니즈에 따라 제품을 구매하지 않기 때문에, 경영은 강력한 프로모션, 광고, 세일즈 활동에 전념한다. 결국 생산된 제품을 어떻게든 팔아야 한다는 결과 중심적 사고의 철학에 기반한다. 이러한 경영 철학에서는 고객을 설득과 유인의 대상으로만 삼고 단기적인 실적을 중시하는 방식에 매달린다.

마케팅 중심 마케팅 철학

1960년대 들어서면서 마케팅이라는 학문이 점점 경영학에서 독립된 분야로서 본격적으로 이해되기 시작했다. 마케팅 개념 자체에 대한 근본적인 관점 변화가 형성된 시점이다.

마케팅 중심 개념의 핵심은 세 가지다. 첫째, 고객 중심주의(customer orientation)다. 기업이 제품을 만드는 것은 고객을 이해하는 데서 출발하며, 이를 통해 고객이 필요한 제품을 생산하는 것이다. 그리고 고객이 우리의 제품을 통해 만족하는가를 피드백하게 된다. 둘째, 기업의 마케팅 활동이 전사적(total) 또는 통합적(integrated)이 된다. 마케팅을 기업 경영 활동의 한 분야로만 이해하던 관점에서 벗어나서, 기업 경영 활동이 마케팅을 중심으로 전사적 차원의 조율과 관리를 수행하고 이를 통합하는 활동이 되었다. 셋째, 목표 지향적인 기업 활동(goal directed company behavior)이다. 이는 마케팅을 단지 판매나 기업이 전달하는 수단으로 보는 것이 아니라, 모든 마케팅 활동이 기업의 목표와 일치해야 하고 그런 면에서 목표 지향적인 활동이어야 함을 말하고 있다.

마케팅 철학은 기업의 활동이 판매 중심에서 벗어나서 전사적(corporate level) 전략의 차원으로 나아가는 경영 철학의 전환점이 된다. 이런 관점에서 고객 중심 철학을 기반으로 고객의 욕구와 니즈가 기업 활동의 출발점이 된다. 고객 지향성, 통합적 마케팅 활동, 그리고 목표 지향성이라는 세 가지 요소를 중심으로 발전한다.

사회적 개념 중심 마케팅 철학

1970년대 들어서면서 세계적으로 소비력이 매우 크게

증가했으며 개인주의가 심화되고 다양한 제품들이 넘쳐나면서, 제품은 단지 기업에 속한 제품만의 문제를 뛰어넘어 사회의 이슈가 되었다.

개인의 욕구를 충족하기 위한 제품들이 쏟아져 나왔지만, 한편으로 사회 전반에 부정적인 영향을 미치는 현상들이 나타났다. 따라서 아무리 기업의 목적과 부합하는 경영이라도 그것이 사회에 부정적인 영향을 미치는 요소라면 이를 마케팅 활동에 반영해야 한다는 시각이다.

마케팅 철학은 기업의 사회적 책임 및 지속 가능성이 함께 고려되는 것을 중요시한다. 즉 기업은 제품의 사회적 파급 효과까지 고려한다는 경영 철학을 토대로 한다. 그래서 기업의 목표 달성뿐만 아니라 고객 만족, 나아가 사회적 수용성까지 고려한 균형을 중요하게 여긴다. 기업은 단순히 수익을 창출하는 존재에서 나아가 사회적 가치 창출자의 역할까지 강조한다. 한마디로 사회와 함께하는 지속 가능성은 마케팅 철학의 기반이 된다.

관계 중심 마케팅 철학

기업이 시장 점유율만을 추구하는 것이 기업의 이윤에 도움이 되지 않는다는 것을 깨닫게 되면서 도입된 개념이다.

마케팅은 고객으로부터 시작해 고객으로 종결된다고 해도 과언이 아니다. 그렇다면 기업의 이윤 추구는 고객 만족에 있고, 더 나아가 기존 고객을 유지하는 것이 매우 중요하다는 것을 인식한 배경에서 생겨난 마케팅 개념이다.

기업이 시장 점유율이 아니라 고객과의 관계 구축이 중요함을 깨닫게 되면서, 고객 만족도를 측정하고자 하는 많은 기법들이 개발되었다. 이러한 기법들이 제공하는 기본 개념은 고객과의 성공적인 관계 형성이 고객 만족은 물론 기업의 이윤에 결정적인 영향을 미친다는 것이다. 기업의 마케팅 활동에 관계 중심의 개념이 확립되면서 신규 고객뿐만 아니라 기존 고객의 재구매 관점이 더욱 확장되었다.

마케팅 철학은 신규 고객의 유치는 물론 기존 고객과의 장기적 관계 유지가 기업을 지속 가능하게 하는 필수적 요건이라는 관점을 형성하게 한다. 그래서 고객 만족을 넘어서 고객 충성도와 신뢰 형성이 경영의 핵심이라는 경영 철학을 확립한다. 고객이 더 이상 일회성 수요자가 아니라 장기적 파트너라는 인식에 기반한다. 따라서 고객과의 정서적, 실질적 관계를 중요시하는 마케팅을 실현한다.

협력 중심 마케팅 철학

2000년대 들어서면서 디지털 기술이 급격히 발달하고 기술 비용이 낮아지면서 광범위한 소비자들이 기술을 이용할 수 있게 되었다.

마케팅은 더 이상 기업만의 것이 아니며 고객과의 협력 관점에서 마케팅 활동이 이루어져야 한다는 것이다. 현재의 고객은 단순한 제품의 수요자가 아니라 적극적으로 제품의 개발과 맞춤화 과정에 참여한다. 이들은 기업의 지원 속에서 자신에게 맞는 제품을 기업에 요구하고 기업은 이에 적합한 맞춤 생산을 제공한다.

협력 중심의 마케팅에서는 고객이 주도적인 역할을 하는 관점에서 고객들을 얼마나 협력적으로 참여시킬 것인가가 중요해졌다. 소비자를 수동적인 존재가 아니라 기업과 협력하는 동등한 가치 창출자로 바라보는 협력 기반의 경영 철학에 기반한다.

따라서 고객은 제품 개발, 맞춤화, 피드백 과정에 능동적으로 참여하며 기업과의 쌍방향 협력 관계를 통해 가치를 창출한다. 개방형 혁신, 또는 크라우드 소싱과 연결되어 기업의 경영은 더 유연하고 상호작용적으로 발전한다.

몰입형 경험 중심 마케팅 철학

몰입형 경험 중심 마케팅은 마케팅 6.0 시대의 핵심 개념으로, 멀티 채널에서 옴니 채널, 그리고 메타 마케팅으로 이어지는 기술 발전과 함께 진화했다.

옴니 채널 마케팅은 온라인, 오프라인, 모바일 등 다양한 접점을 넘나드는 소비자 경험을 강조하며, 메타 마케팅은 이를 한 단계 발전시켜 물리적 경험과 디지털 경험을 통합하고, 쌍방향 몰입을 유도한다(필립 코틀러, 2024).

이는 AI 기술의 발전으로 디지털 영역 안에서 상호 작용성과 몰입도가 그동안의 차원과는 비교가 되지 않을 만큼 강화된 데 따른다. 기업은 이제 물리적 접점과 디지털 접점 사이의 경계를 허무는 더욱 몰입도 높은 고객 경험을 제공하는 마케팅으로 진화한다. 단순히 기술의 발전을 수용하는 것을 넘어, 기술과 인간 경험의 융합을 통해 고객에게 몰입적 경험(immersive experience)을 제공하는 것을 핵심으로 하는 마케팅 철학을 제시한다.

경영 철학 관점에서는 첫째, 제품의 차별성이 아닌 경험의 차별성을 중심으로 한 인간 중심 경영이 요구된다. 고객에게 정서적 몰입을 제공하는 경험이 핵심 가치가 된다. 둘째, 기술은 목적이 아니라 고객 몰입을 위한 도구다. 중요한 것은 기술 자체가 아니라, 그것이 이끄는 정서적 연결이다. 셋째, 하이브리드 고객 여정의 통합이다. 온라인과 오프라인을 이분법적으로 나누지 않고, 상호 보완적이고 동시적인 경험으로 설계하며, 이에 따라 조직의 민첩성과 유기적 구조가 요구된다. 넷째, 고객과의 관계는 '제공자-수용자'에서 '파트너-파트너' 모델로 전환된다. 고객의 참여와 피드백을 통해 가치를 공동 창출하는 개방형 경영이 중요하다. 다섯째, 완벽한 전략보다는 유연하고 반복이 가능한 실험적 접근이 중요하다. 빠른 피드백과 지속적인 개선을 통해 적응형 학습 경영을 실현한다. 여섯째, 고객 경험을 감각적 · 문화적 가치로 설계한다. 다감각 마케팅, 스토리텔링, 공간 경험 등을 통해 기업은 단순한 공급자가 아니라 감성과 의미를 창조하는 주체가 된다.

경영 철학 측면에서 인간 중심의 몰입형 경험, 유연한 실험적 접근, 감각적 가치 설계 등을 포함한다. 고객 경험은 단순한 소비를 넘어 스토리텔링과 공간, 다감각 마케팅을 통해 예술적 · 문화적 체험으로 확장되며, 기업은 감각과 의미를 창조하는 주체로 포지셔닝한다. 이제 기술과 인간이 함께하는 '공존 마케팅' 철학의 기업 경영이 요구된다.

참고문헌

김기홍(2020.5.29). CEO 혁신 라운지 ③ 테일러리즘과 스마트팩토리, 스마트팩토리도 테일러리즘 연장선상, 제조현장 생산성 관리의 본질은 그대로. 매일경제.

이두갑 · 전치형(2001). 인간의 경계: 기술결정론과 기술사회에서의 인간. 《한국과학사학회지》. 23권 2호, 157~179쪽.

이완형(2023). 《디지털 비즈니스 트랜스포메이션: AI · 기후위기 시대의 경영 이해》. 교문사.

필립 코틀러 외, 이진원 옮김(2017). 《필립 코틀러의 마켓4.0》. 더퀘스트.

필립 코틀러 외, 이진원 옮김(2021). 《필립 코틀러 마켓5.0》. 더퀘스트.

필립 코틀러 외, 방영호 옮김(2024). 《필립 코틀러 마켓6.0》. 더퀘스트.

07

AI와 기업 조직 문화

AI 시대의 전략 실행은 기술 중심의 혁신만으로는 불충분하며, 유연하고 민첩하며 협력적인 조직 문화가 뒷받침되어야 한다. AI 기술의 도입은 자율성과 실험을 수용하는 문화, 데이터 기반 의사 결정, 수평적 소통, 학습과 적응을 지속하는 팀 중심 구조를 요구한다. 궁극적으로 조직 문화는 기술의 효과적 정착과 전략적 실행을 연결하는 결정적 인프라로 작동한다.

AI와 윤동주?

디지털 성숙도

경영 환경의 변화는 바로 조직의 변화를 요청한다. 디지털 전환은 기술적 요소만 아니라 조직의 관리가 더욱 중요하다. 이는 두 가지 측면으로 볼 수 있는데, 기술적 측면과 사회적 과정으로서의 인력 및 디지털 문화의 지원과 융합이 필요하다(최국환 · 이진춘, 2023).

디지털 문화를 구축하고 전략을 실행하는 데 디지털 성숙도(digital maturity)는 중요한 개념이다. 디지털 성숙도는 조직이 디지털 기술을 활용해 전략적 목표를 달성하고, 업무 프로세스를 혁신하며, 고객 경험을 향상시키고, 새로운 비즈니스 모델을 창출하는 능력의 성숙 정도를 의미한다. 이는 단순히 정보 기술(IT)을 도입하는 수준을 넘어, 조직 전반에 걸쳐 디지털 기술이 내재화되어 있는지, 그리고 그 기술이 조직의 경쟁력 향상에 실질적으로 기여하는지를 판단하는 지표다.

디지털 성숙도는 문화(culture), 조직(organization), 기술(technology), 통찰력(insight)이라는 네 가지 요소에 의해 결정된다. '문화'는 기업이 디지털 혁신에 어떻게 접근하며, 디지털 기술에 대해 종업원에게 얼마나 권한을 부여하는지를 의미한다. '조직'은 디지털 전략을 수립하고 이를 통제하며 실행을 조정하는 능력을 나타낸다.

'기술'은 새로운 기술을 기업이 어떻게 사용하고 적용하는지를 중심으로 한다. '통찰력'은 고객과 비즈니스 실행 과정에서 데이터를 적절히 활용해 성공을 측정하고 전략을 도출하는 능력을 의미한다(Martin and VanBoskirk, 2016).

디지털 성숙도를 결정하는 변수 중 문화와 조직은 전략적인 질문을 던져야 할 핵심 영역이다. 이 두 변수는 사람과 깊이 연결된 요소다. 기술에 관한 항목들도 단순히 최신 트렌드나 첨단 여부를 묻는 것이 아니라, 전략적 관점에서 유연하게 변화하고 적응할 수 있어야 한다.

이런 의미에서 기업의 마케팅 활동과 기술 역량은 별개의 사안이 아니라, 공동의 목표를 지향하며 가치를 함께 창출하는 긴밀한 관계에 있다. 기술 발전은 유연하고 반복적이며 협력적인 방식으로 이루어져야 하며, 이는 단순한 시스템 업그레이드를 넘어선다. 궁극적으로, 조직 문화의 역량은 기술 활용과 맞물려 비즈니스 성과와 직결된다.

또한 디지털 전환의 전략 실행을 위한 전략적 진단 사항으로 조직 문화의 배경이 중요하다. 진단 영역을 조직 구조 및 거버넌스, 변화 준비도, 전문성으로 보고 각각 조직 구성의 적절성, 커뮤니케이션, 조직 역할의 명확성 등을 토대로 디지털 변화에 대한 조직의 인식과 공감대, 조직원 간의 신뢰, 경영진의 조직 문화 형성의 주도성, 조직 내 교육 관리 수준 등으로 이해한다(김영기, 2018).

디지털 조직 문화가 갖추어야 할 역량

디지털 조직 문화에서 요구되는 요건은 다음과 같다.

① 디지털 전환에 대한 명확한 목표와 민첩함 그리고 이를 뒷받침할 조직의 유연함이 필요하다. 조직의 유연함은 디지털 전환 목표를 달성하게 한다.

② 기업은 예측 불가능한 환경에서 예상치 못한 요청과 변화에 신속히 적응할 수 있는 조직 문화를 구축해 다양한 비즈니스 환경에 효과적으로 대응해야 한다.

③ 고객이 원하는 시간과 장소에서 제공할 수 있는 유연한 제품과 서비스를 개발하고 공급할 수 있어야 하며, 기존의 정형화된 제품이나 서비스 형태를 넘어서는 혁신이 필요하다.

④ 온 디맨드 경제(수요자의 요구에 맞춰 언제든지 필요한 물품과 서비스를 제공) 및 컨시어지 경제(고객의 요구에 맞추어 모든 것을 일괄적으로 처리)에서 수요자의 다양한 요구를 온라인 및 모바일 네트워크를 통해 실시간으로 충족하는 즉시성을 확보해야 한다.

⑤ 조직은 정형화되고 표준화된 직무 중심의 반복적 프로세스에서 탈피해 사용자 요청에 따라 유연하게 대응할 수 있는 연결형 모듈의 프로젝트 기반 조직으로 전환되어야 한다.

⑥ 업무 프로세스는 단계별로 차례대로 진행하는 전통적 방식의 순차적(sequential) 활동에서 벗어나, 여러 업무가 동시에 진행되는 병렬적(parallel) 활동으로 전환된다. 이를 위해 네트워크 기반의 효율적인 조직 구조를 구축해야 한다.

⑦ 최고경영자는 변화의 주체로서 명확한 비전을 제시하고, 거버넌스 구축과 조직 내 통합과 소통을 위한 강력한 리더십 역량을 발휘해야 한다.

⑧ 경영 관리의 지능화(디지털화)를 통해 외부 환경 변화에 더욱 강력하게 대응할 수 있는 조직이어야 한다.

⑨ 기업의 비즈니스 모델은 고정된 것이 아니라 기업 생태계와 고객에 따라 유기적으로 변할 수 있는 능동적 사고와 전략적 의지를 반영할 수 있어야 한다.

⑩ 조직은 비용 절감이나 내부 중심적 사고에서 벗어나, 고객 중심 경영을 위한 통찰력 있는 파트너십을 형성해 더 전략적이고 역동적으로 운영되어야 한다.

⑪ 디지털 전환을 성공적으로 수행하기 위해서는 조

직, 기술, 전략적 계획이 통합된 우수한 기술 역량과 헌신적 팀 문화를 확립해야 한다.

⑫ 협력적이며 개방적이고 유연성을 지닌 조직 문화를 구축해 디지털 전환을 원활히 수행할 수 있는 조직 기반을 마련해야 한다.

⑬ 기술 활용은 단순한 첨단 기능 적용이 아니라, 고객의 경험과 가치를 창출하고 관리하는 관점에서 이해하고 접근해야 한다.

⑭ 효과적인 디지털 전환을 위해 명확한 교육 체계를 마련하고, 조직 구성원이 디지털 전환의 개념과 실무 적용에 깊은 이해를 가질 수 있도록 지속적인 교육이 필요하다. 단순히 교육 이수 수준에 머무르지 않고 조직의 성과는 물론 목표와 밀접하게 연계해 실천 가능하게 해야 한다.

⑮ 기술을 도입하기 전에 인간 중심의 관점에서 기술적 요인들을 통합하고 이를 통해 고객에게 가치를 전달하는 유연한 조직을 구축해야 한다.

⑯ 디지털 전환 기업은 디지털 기술 활용을 통한 기업 이익 극대화를 넘어, 지속 가능한 성장과 사회적 가치 창출을 동시에 추구하는 조직이어야 한다(이완형, 2019).

경영 철학적 관점에서 이러한 변화는 조직 구조의 단

순한 재편을 넘어 조직 문화와 리더십의 근본적인 패러다임 전환을 의미한다. 전통적이고 경직된 조직은 톱다운(top-down) 방식의 수직적 계층 구조와 관료주의적 특성으로 인해 급변하는 환경에 빠르고 유연하게 대응하는 데 한계가 있다. 이에 비해 유기적 조직 구조는 환경 변화에 민첩하게 대응할 수 있도록 자원을 탄력적으로 활용하며, 팀 기반의 자율적 의사 결정과 책임 분담을 활성화해 조직의 역동성을 높인다. 이는 곧 조직의 경쟁력과 지속 가능성 향상으로 이어진다(Mckinsey & Company, 2018).

AI 조직 문화 방향

디지털 전환은 표면적으로 디지털 기술의 문제로 보일 수 있지만, 디지털 기술 사용 주체가 인간이므로 인간적 문제를 도외시하고 진행할 수는 없다.

디지털 조직으로 전환하기 위해서는 전략적으로 범위와 목적을 명확히 하고, 디지털 리더는 위험을 감수하는 조직 문화를 규범으로 확립하고, 최고 경영층에서 주도하는 관리가 필요하다(Kane et al., 2015).

파괴적 혁신(disruptive innovation) 이론에 따르면, 오늘날 많은 기업들이 파괴적 혁신을 이루지 못하고 실패하는 주요 원인 중 하나를 조직 구조와 기업 문화에서 찾는다. 따라서 혁신에 적합한 조직 구조와 문화를 구축하는 것이 중요하다(Christensen et al., 2016).

경직된 조직은 일반적으로 수직적 계층 구조를 기반으로 하며, 관료주의적 색채가 강하게 작용한다. 조직 내부 또는 부서 간에 장벽이 형성되고, 자기 부서의 이해관계를 우선시하는 부서 이기주의로 인해 소통과 협력이 제한되는 이른바 사일로(silo) 현상이 발생하기 쉽다. 조직이 기능 중심으로 명확히 분절되어 있으며, 구체적이고 명시적인 지시에 따라 업무가 수행된다. 이 같은 구조는 권한과 책임을 명확하게 구분하고 업무의 효율성을 확보하는 데 장점이 있지만, 급변하는 환경에 대한 대응력이 떨어지고 부서 간 협력과 소통이 제한된다는 단점이 있다.

반면 디지털 전환과 같이 빠른 변화가 요구되는 환경에서는 유기적 조직 구조가 요청되는데, 단순히 구조의 재편을 넘어 조직 문화와 리더십 패러다임의 근본적인 전환까지 포함한다. 유기적 조직은 변화에 민첩하게 대응할 수 있도록 자원을 유연하게 활용하며, 형식적인 보고 체계보다는 실행 중심의 실질적인 운영 방식을 중시한다.

유기적 조직에서는 팀 단위의 자율적 의사 결정과 책임 분담이 핵심적 운영 원리이며, 리더 역시 명령과 통제보다는 방향성과 행동 기준을 제시하는 데 초점을 둔다. 결국 유기적 조직은 구성원의 자율성과 민첩성을 중시해 조직 전체의 혁신 역량과 대응력을 강화하며, 디지털 시대의 복잡하고 예측 불가능한 환경에 적합한 조직 모델로 간주된다(Mckinsey & Company, 2018).

애자일 조직 문화와 경영 철학

파괴적 혁신을 전제로 하는 새로운 차원의 조직 질서에 적합한 조직은 애자일(agile) 조직이다.

애자일 조직은 잘 수립된 종합 계획에 따라 일률적이고 통제된 시스템에서 움직이기보다는, 부서 간 경계를 허물고 필요에 따라 유연하게 셀(cell)을 구성하는 유기적 질서를 기반으로 운영되는 조직이다(이완형, 2019).

경영 철학은 이런 유연한 조직을 구축하는 기반이 된다. 조직 문화는 구성원들의 사고방식과 행동 양식을 형성하고, 궁극적으로 기업의 경영 원칙과 의사 결정에 지속적인 영향을 미친다. 만약 경영 철학에 기반하지 않고 조직 혁신을 추진한다면, 제도나 겉모습은 갖출 수 있을지 몰라도, 사람과 문화가 스며든 진정한 조직 구축에는 실패하게 된다. 결과적으로 AI를 효과적으로 구현할 수 있는 유연하고 일관된 조직 구조는 취약해질 수밖에 없다.

애자일 조직으로의 전환을 위해 경영 철학적 관점에서 기업의 문화는 다음과 같이 변화해야 한다(이완형, 2019).

첫째, 지시적인 참여 문화에서 개인을 존중하는 참여 문화로의 전환이다. 디지털 전환 조직은 구성원의 자율성과 개성을 존중하며, 참여는 강요가 아닌 자발적 동참을 기반으로 한다. 공동체의 유익과 개인의 삶의 의미를 동시에 고려하는 문화가 요구된다.

둘째, 결과 중심의 성과 효율성에서 관계 중심의 과정 존중 문화로의 전환이다. 단순한 결과 중심 평가에서 벗어나, 관계와 과정 속에서 형성되는 스토리와 상호작용을 중시해야 한다. 이는 네트워크 기반 디지털 환경에서 의미 있는 가치 창출의 핵심이 된다.

셋째, 일괄적 성장 지향에서 확장과 축소가 가능한 지속적 실행 문화로의 전환이다. 디지털 전환은 고정된 성장 모델에서 벗어나, 유기적이고 점진적인 실행을 통해 확장과 축소가 유연하게 이루어지는 지속 가능성을 추구한다. 사회적 가치 실현 또한 핵심 지향점이다.

넷째, 리스크 회피 문화에서 리스크 수용 문화로의 전환이다. 디지털 기업은 리스크를 전략적 기회로 인식하며, 이에 따라 새로운 접근과 시도에 대해 개방적인 태도가 요구되며, 도전을 회피하기보다는 변화와 혁신을 유연하게 수용하는 조직 태도가 더욱 중요해진다.

다섯째, 통제 기반의 협조 문화에서 상호 존중에 기반한 협력 문화로의 전환이다. 전통적인 명령과 통제에 따른 협조를 넘어, 상호 존중과 창의적인 소통을 바탕으로 한 진정한 협력이 강조된다. 이러한 문화는 수평적인 관계 형성과 공동의 문제 해결을 가능하게 하며, 조직 내 유연성과 연결성을 강화하는 데 기여한다.

여섯째, 소수가 소유하는 권력 문화에서 모두가 소통하는 공유 문화로의 전환이다. 정보와 권력을 소수가 독점하던 조직에서, 전 구성원이 참여하고 협력하는 순환적 권력 구조로 변화해야 한다. 이러한 전환은 유기적 질서를 형성하고, 조직 전체의 통합적 시각과 집단적 책임감을 강화하는 데 기여한다.

일곱째, 명사형 결정 문화에서 동사형 행동 문화로의 전환이다. 정적인 결정 중심 사고에서 벗어나, 끊임없이 변화하고 관계를 생성하는 행동 중심 문화로의 전환이 필요하다. 이는 디지털 네트워크 환경에 적합한 유연한 사고 방식을 의미한다.

경영 철학적 관점에서 애자일 조직문화로의 전환은 기업의 AI 활용에 대한 기준과 방향을 뒷받침하는 토대가 된다. 첫째, AI 기술 활용을 실행 중심의 실질적인 운영이 가능하도록 하며, 둘째, 구성원 모두가 자율적이고 창의적인 활동을 통해 조직의 발전에 능동적으로 참여할 수 있도록 독려한다.

기술과 인간의 조화를 바탕으로 한 경영 철학으로 구축되는 조직은 AI 시대를 이끌어 가는 지속 가능한 기업을 확립하게 한다.

참고문헌

김영기(2018). 제조업의 디지털 트랜스포메이션 수준 진단, 평가 모델에 관한 연구. 석사학위논문, 연세대학교 공학대학원.

이완형(2019). 디지털 전환 기업의 성공적인 조직문화에 관한 연구: 성경원리 적용. 《로고스경영연구》. 17권 4호, 45~66.

이완형(2023). 《디지털 비즈니스 트랜스포메이션: AI · 기후위기 시대의 경영 이해》. 교문사.

최국환 · 이진춘(2023). 사회-기술적 관점에서 중소기업의 디지털 역량과 성숙도 결정 요인의 유효성. 《의사결정학연구》. 31권 2호, 13~32.

Christensen, C. M., et al.(2015). What is disruptive innovation? *Harvard Business Review*, 93(12), 44~53. https://hbr.org/2015/12/what-is-disruptive-innovation

Kane, G., et al.(2015). Is your business ready for a digital future? *MIT Sloan Management Review*, 56(4), 37~44.

Martin G., & VanBoskirk S.(2016.1.21). The Digital Maturity 4.0: Benchmarks: digital Business Transformation Playbook. FORRESTER.
https://www.forrester.com/report/the-digital-maturity-model-40/RES131801

Mckinsey & Company(2018). The Five Trademarks of Agile Organization.
https://www.mckinsey.com/business-functions/organization/our-insights/the-five-trademarks-of-agile-organizations

08
AI 거버넌스와 경영 철학

AI 거버넌스는 기술의 효율적 운영을 넘어, 공정성 · 책임성 · 신뢰성을 확보하는 조직의 철학적 실천 구조다. 이는 AI 기술이 기업의 전략과 사회적 책임을 조화롭게 구현하도록 유도하며, 경영 철학은 이를 뒷받침하는 도덕적 기준이자 실행의 나침반 역할을 한다.

AI와 한의학?

AI 거버넌스

AI 거버넌스는 조직의 AI 기술이 전략과 목표를 지속적으로 지원하도록 보장하는 규칙과 프로세스의 구조로 정의된다(Schneider et al., 2022). AI는 인간이 만든 기술인 만큼 인간의 편향과 오류에 취약하며, 이러한 내재된 위험을 완화하려면 구조화된 관리 체계가 필요하다. 그러나 많은 조직들이 AI 기술의 도입에도 불구하고 충분한 사업적 가치를 얻지 못하고 있으며, 부정적 결과가 증가하고 있어 책임 있는 AI 거버넌스(RAIG)의 필요성이 부각되고 있다(Papagiannides, 2024).

AI 거버넌스는 종종 'AI 안전성'과 연관되지만, AI 안전성이 기술적 설계에 초점을 둔다면, 거버넌스는 제도와 활용 맥락에 중점을 둔다. 즉, "AI가 개발되고 사용되는 제도와 맥락"을 통해 인류에 이롭게 작동하도록 목표, 자원, 시간, 조직적 기반을 갖추는 것이 AI 거버넌스의 핵심이다(김호철, 2024).

AI 거버넌스는 AI 시스템이 안전하고 윤리적으로 운영되도록 보장하는 가드레일이다. 이는 기술이 오작동하거나 사회적 해를 초래하지 않도록 통제하는 윤리적 · 기술적 한계를 설정하는 역할을 한다. 첫째, AI 거버넌스는 단순한 기술 관리가 아니라 설계, 학습 데이터,

영향 범위까지 통합적으로 조율하는 조직의 통제 및 방향 체계다. 둘째, AI의 고위험성과 예측 불가능성을 고려해, 안전성과 신뢰성을 확보하기 위한 전 과정을 포괄하는 구조적 기반을 마련한다. 셋째, 공정성과 사회적 정당성을 잃지 않도록 윤리적 기준을 실천에 반영하는 장치이기도 하다.

AI 기술은 단지 성능이 좋은 것이 아니라 올바르게 작동해야 한다. 그렇지 않으면 조직의 신뢰, 법적 안정성, 사회적 평판에 심각한 손상을 줄 수 있다. 따라서 AI 거버넌스는 기술을 사용할 때 철학적 방향성과 실천 체계를 제공하는 기반이 되어야 하며, 기업은 이를 통해 사회적 책임을 이행해야 한다.

AI 거버넌스를 정의하기 위해서는 "기업이 왜 AI를 활용하는가", "그 활용이 어떻게 유의미한 결과로 이어질 수 있는가"에 대한 핵심 질문이 필요하다(Sacolick, B., 2024). 이러한 경영 철학적 질문을 통해 조직은 자신만의 명확한 AI 활용 방향성과 통제 체계를 확립할 수 있다.

- AI 도입의 목적과 기대하는 성과는 무엇인가?
- 관련 법규와 내부 지침은 어떤 것들이 있는가?
- 데이터 수집 · 처리 · 활용 방식은 무엇인가?

- 조직의 데이터 거버넌스는 어떤 변화가 필요한가?
- 조직이 허용한 AI 기술의 범위는 어디까지인가?
- AI 결과의 신뢰성은 어떤 절차로 확인하는가?
- AI 관련 학습과 문의는 어떤 채널을 통해 가능한가?

AI 거버넌스의 구성과 의미

AI 거버넌스는 세 가지 핵심 축으로 구성된다. 그것은 ① 원칙 기반 AI, ② 책임 있는 AI, 그리고 ③ 신뢰할 수 있는 AI다.

첫째, 원칙 기반 AI(principled AI)는 프라이버시, 책임성, 안전, 투명성, 공정성, 인간 통제, 전문성, 인간 가치 등 8가지 요소와 함께, 이익, 악행 금지, 자율성, 정의, 설명 가능성의 윤리 원칙을 포함한다.

둘째, 책임 있는 AI(responsible AI)는 웰빙, 자율성 존중, 프라이버시 보호, 연대, 민주적 참여, 형평성, 다양성 포함, 신중함, 책임성, 지속 가능성의 10가지 원칙으로 구성된다(Papagiannides, 2024).

셋째, 신뢰할 수 있는 AI(trustworthy AI)는 도덕적, 법적, 문화적 가치라는 세 가지 상호 보완적 원칙을 기반으로 한다(Theodorou & Dignum, 2020).

책임 있는 AI 거버넌스(Responsible AI Governance;

RAIG)는 AI를 책임 있게 사용해 공정성과 신뢰를 보장하고, AI 역량을 사회 전반에 확장하는 것을 목표로 한다(Papagiannides, 2024). 이는 단순한 기술 활용을 넘어 윤리적, 법적, 사회적 기준을 포함하는 AI 관리 체계이며, 데이터의 사용과 유지에서 투명성과 공정성, 설명 가능성을 확보해야 한다(Conboy et al., 2020).

책임 있는 AI 거버넌스의 원칙은 다음 여섯 가지다(Papagiannides, 2024).

1) 공정성(fairness) - 인종, 성별, 연령, 사회경제적 조건 등에서 편향되지 않은 AI 설계
2) 투명성(transparency) - AI의 판단과 결과가 어떤 데이터와 방식에 기반하는지를 공개
3) 설명 가능성(explainability) - 결과에 대한 사용자의 이해 가능성과 설명 책임 보장
4) 책임성(accountability) - 결정의 책임 소재를 명확히 하고 법적 · 조직적 책임 체계 수립
5) 신뢰성(reliability) - 시스템이 예측 가능하고 일관되며 외부 변화에 견딜 수 있는 성능
6) 프라이버시 보호(privacy) - 개인 데이터 보호 및 법적 기준을 준수, 민감 정보에 대한 법적 보호와 데이터 오용 방지

이들 원칙은 상호 독립적이면서도 통합적으로 작동하며, 특히 설명 가능성과 투명성, 책임성과 신뢰성은 기업의 리스크 관리 및 컴플라이언스(compliance; 법규 준수, 준법 감시, 내부 통제의 의미) 전략과 직접적으로 연결된다. 따라서 책임 있는 AI는 단순한 기술 구현을 넘어 조직의 전략적 자산화와 사회적 정당성 확보를 위한 핵심 프레임워크다.

나아가 책임 있는 AI는 단순한 데이터 관리에 관한 것이 아니라, 데이터를 수집하고 관리하며 사용하는 시스템 내의 절차와 메커니즘에 대한 것이다. 개인들은 시스템의 전반적인 품질에 대한 책임을 지므로 중요한 역할을 한다(Benfeldt et al., 2020). 결국 기업과 개인, 조직 내외부의 협력으로 작동하는 체계이며, 기업의 철학적 정체성과 책임 윤리를 수반한 AI 거버넌스가 필요함을 시사한다.

AI 거버넌스와 경영 철학

AI 관련 투자가 큰 성장이 예상되지만, '보안 취약성(86%)', '감시(83%)', '개인정보보호(83%)'가 AI 활용 시 고려해야 할 주요 리스크로 지목되고 있다.

딜로이트 그룹이 아시아 태평양(AP) 13개 지역 900명

이상의 고위 리더들을 대상으로 한 설문 조사에서 나타난 결과는 90% 이상의 기업이 AI 거버넌스의 개선을 필요로 하고 있으나, 실제 구축에는 큰 어려움이 있는 것으로 조사되었다. 소비자의 62%가 AI를 윤리적으로 활용하는 기업에 더 높은 신뢰를 보이는 것으로 나타나, 기업의 리스크 관리 역량이 경쟁력의 핵심 요소로 떠오르고 있다(Deloitte, 2025).

AI 거버넌스는 기술적 · 법적 차원에서만 다루어져서는 충분하지 않다. AI 비즈니스에서 중요한 기반이지만, 법적 기준이나 정책 수립만으로는 기술의 급속한 발전 속도를 따라가지 못하는 한계가 있다. 따라서 기업은 '신뢰할 수 있는 AI'를 구축하기 위해 역동적이고 유연한 AI 거버넌스를 필요로 하며, 이를 위해서는 반드시 경영 철학적 배경과 기업 행동의 근거가 마련되어야 한다.

그 이유는 다음과 같다. 첫째, AI 기술의 빠른 변화는 기존 정책을 빠르게 구식으로 만든다. 둘째, 과도한 정책 중심의 접근은 실무를 제약하고 불필요한 절차를 초래할 수 있으며, 복잡한 규정은 혁신을 저해하는 요소가 된다. 셋째, 유연성이 결여된 정책은 오히려 위험을 유발할 수 있다. 너무 세밀한 기준은 상황에 맞지 않는 통제를 야기하고, 반대로 정책이 광범위하면 준수 여부 자체가 모호해진다.

AI 거버넌스는 단지 리스크 관리가 아닌 기업 경쟁력과 신뢰를 형성하는 전략적 자산이다. AI는 조직의 단편적 문제 해결이 아니라 미래 성과에 기여하는 핵심 자산으로 간주되어야 하며, 조직의 리더십이 이에 대한 명확한 방향성을 제시해야 한다(Papagiannidis et al., 2023).

AI 기술의 영향력이 확대될수록, 기업의 경영 철학은 "무엇을 할 수 있는가(what can we do)?"보다는 "무엇을 해야 하는가(what ought we to do)?", 즉 '책임(responsibility)'에 중심을 둬야 한다. AI 거버넌스는 경쟁력이나 효율성의 언어로만 설명될 수 없으며, 조직이 사회와 맺는 윤리적 계약, 그리고 기업 존재 이유의 구체적 방식으로 이해되어야 한다.

따라서 원칙 기반의, 책임 있는, 신뢰할 수 있는 AI 거버넌스는 단순한 기술 전략이 아닌, 기업의 정체성과 철학을 반영하는 실천적 기반이다.

AI 시대의 경영은 '철학 없는 실행'이 아니라 '철학이 이끄는 실행(philosophically-informed action)'이 되어야 한다. 책임 있는 AI(responsible AI)의 경영 철학은 책임성과 투명성 그리고 인간 중심의 거버넌스를 수립하게 한다. 책임은 단지 내부 규율이 아니라 사회적 신뢰에 대한 책임에 기여하는 것이기 때문이다.

원칙 기반 AI(principled AI)의 경영 철학은 보편 윤리, 규범 중심 거버넌스, 그리고 행동하는 덕목으로서의 거버넌스를 수립하게 한다. 이 원칙 기반은 기업의 문화로 정착되어야 하며, 공동선 중심의 윤리를 실천하게 할 기준이 된다. 기술 활용이 기업의 정체성과 철학에 근거하여 규범화됨을 의미한다.

신뢰할 수 있는 AI(trustworthy AI)의 경영 철학은 정당성, 예측 가능성 그리고 기술-사회 간 긴밀한 결합(coherence)의 거버넌스를 수립하게 한다. 신뢰는 선언이 아니라 반복되는 예측 가능성에서 나온다. 따라서 기술적 신뢰는 사회적 정당성 확보로 이어지게 되고 기업은 이러한 신뢰를 사회로부터 획득되어야 한다. 경영 철학은 바로 이러한 관계를 형성하는 행동의 규범적, 윤리적 기준이 된다.

이러한 철학 기반 AI 거버넌스는 다음 세 가지 가치를 창출한다. 첫째, 고객 신뢰를 강화하며 브랜드의 신뢰도를 높인다. 둘째, 윤리적 · 법적 위험을 줄여 조직의 지속가능성을 높인다. 셋째, 전략과 혁신을 일관성 있게 연결하여 AI의 활용도를 극대화한다. AI 거버넌스는 기술적 효율성을 넘어 인간과 기계의 '공존 경쟁력'이라는 새로운 경영 가치를 실현하는 출발점이다.

참고문헌

김호철(2024). 《인공지능 거버넌스》. 커뮤니케이션북스.

Benfeldt, O., et al.(2020). Data governance as a collective action problem. *Information Systems Frontiers*, 22(2), 299~313. https://vbn.aau.dk/ws/portalfiles/portal/303985999/Benfeldt_et_al_2019_Data_Governance_As_A_Collective_VBN.pdf

Conboy, K., et al.(2020). 'Big time': An examination of temporal complexity and business value in analytics. *Information & Management*, 57(1), 103077. https://doi.org/10.1016/j.im.2018.05.010

Deloitte(2025.1). 아시아-태평양 지역 AI 거버넌스 서베이: AI 신뢰 구축을 통한 성장전략. Deloitte Insights. https://www2.deloitte.com/content/dam/Deloitte/kr/Documents/technology-media-telecommunications/2025/kr_AI%20gv_r.pdf

Deloitte(2024.10.2). 역동적 AI 거버넌스: 신뢰하라 수 있는 AI 구축을 위한 혁신적 설계. https://insightskr.deloitte.co.kr/Contents/ContentView?contentID=20721

Papagiannidis, E.(2024). Responsible AI Governance in practice: The strategic impact of Responsible AI Governance on business value and competitiveness. Doctoral theses at NTNU, 2024:184.

Papagiannidis, E., et al.(2023). Toward AI Governance: Identifying Best Practices and Potential Barriers and Outcomes. *Information Systems Frontiers*. 25, 123~141.

https://doi.org/10.1007/s10796-022-10251-y
Sacolick, I.,(2024.9.24). 확실한 내부 정책이 올바른 사용 이끈다… 'AI 거버넌스' 정의에 필요한 7가지 질문. CIO. https://www.cio.com/article/3538389/확실한-내부-정책이-올바른-사용-이끈다…-ai-거버넌.html

Schneider, J., et al.(2022). Artificial Intelligence Governance For Business. *Information Systems Management.* 40(3), 229~249. https://doi.org/10.1080/10580530.2022.2085825

Theodorou, A., & Dignum, V.(2020). Towards ethical and socio-legal governance in AI. *Nature Machine Intelligence.* 2(1), 10~12. DOI:10.1038/s42256-019-0136-y

09
AI와 기업의 경쟁력

AI 시대의 기업 경쟁력은 지금까지와는 다르다. 그것은 '공존 경쟁력'이다. 공존 경쟁력은 AI 시대의 새로운 기업 경쟁력 개념으로, 단순한 효율이나 수익 극대화가 아니라 인간, 사회, 환경 그리고 기계와의 조화로운 관계 속에서 지속가능한 가치를 창출하는 능력을 말한다. 이는 경쟁과 협력을 조화시키며, 기술을 수단으로 삼되 윤리, 신뢰, 생명 중심 가치를 전략의 핵심으로 삼는 철학적 경쟁력이다.

AI와 화장품?

기업 경쟁력의 관점 변화

최근에 AI 및 디지털 기술을 활용한 비즈니스는 기업경영에서 당연한 전제가 되었다. 그렇다면 AI 시대의 기업의 경쟁력은 어디에서 찾아야 할까? AI 시대에 맞는 경영 전략은 무엇일까?

AI로 인한 새로운 경영 패러다임이 제시되었는데도 불구하고 아직도 산업 시대의 '경영 효율'과 '경영 효과' 경쟁 논리에서 벗어나지 못하고 있다. ① 표준화 등 작업 방식의 과학적 관리법 도입, 규모의 경제 활용으로 생산 단가 절감, 자원 최적화와 비용 통제를 통한 이익률 개선 등의 '경영 효율', ② 시장 점유율 확대, 제품 표준화를 통한 수익 창출, 자원 배분과 조직 목표의 전략 계획, 경쟁 우위 확보를 통한 차별화 등의 '경영 효과' 달성은 여전히 AI 시대에도 핵심 경쟁력으로 언급되고 있다. 기본적인 관점에서 산업 시대의 경쟁력 논리와 크게 달라지지 않았다. 활용되는 도구만 디지털 또는 AI로 바뀌었을 뿐이다.

그러나 경쟁력을 말할 때 가장 핵심적인 요소 중 하나는 기업의 가치 관점이다. 즉 시대가 변함에 따라 기업 경영에서 추구하는 방식도 변화할 수밖에 없고, 경쟁력에 대한 전략과 목표도 달라질 수밖에 없다. 그런 면에서 비즈니스에서 중요한 두 축, 즉 수익 창출과 비용 구조는 그 과정과 결과가 새로운 시대 가치를 반영해야 한다.

오늘날 새로운 기업의 가치는 자기 기업 중심으로부터 공동체 중심의 기업 경영으로 변화하고 있다(이완형, 2024a). 즉 지구 환경, 사회 이슈에 동참하는 것은 과거 산업 시대에는 개념조차 없었던 기업 경영 방식이다. 자기 기업 중심의 경쟁력만을 강조하는 경쟁력 모델은 AI 시대에 적합한 경쟁력 모델이라고 말할 수 없다.

예를 들어, 아웃도어 브랜드 파타고니아(Patagonia)는 '지구를 구하는 비즈니스'라는 사명(mission)을 가지고 환경 보호와 사회적 책임을 중시하는 경영을 실현하고 있다. AI 기술을 도입하더라도 기술은 도구로 사용할 뿐, 핵심 가치는 인간성과 생태계 존중에 있다. 제품 수명 연장과 재활용을 장려하는 '의류 재사용(Worn Wear)' 프로그램을 통해 소비를 줄이고 지속 가능성을 추구한다(McKinsey & Company, 2022). 덴마크 기반의 글로벌 헬스케어 기업인 노보 노디스크(Novo Nordisk)는 당뇨병 치료제 시장의 선두주자다. 이 기업은 AI를 활용해 신약 개발의 효율을 높이면서도 기업의 목적은 명확히 '인류 건강 증진'에 두고 있다. 즉 환자의 삶의 질 향상을 경영 최우선 가치로 두며, AI 기술을 도입하더라도 환자 중심의 접근을 유지하고 있다(Novo Nordisk, 2024).

오히려 AI 시대의 경영은 비용과 효율을 극대화해 '어떻게 경쟁 우위를 점할 것인가'보다는 '어떻게 올바른(right) 가치를 추구하며 경쟁할 것인가'다. 즉, 어떻게 제품을 많이 팔아서 이윤을 극대화할 것인가가 아니라, 오히려 어떻게 필요 없는 소비를 줄여 지구 생태계를 건강하게 바꾸게 하며(파타고니아), AI를 활용한 신약 개발을 하되, 어떻게 환자가 추구하는 가치를 제품에 담을 것인가(노보 노디스크)다. 그래서 자연은 물론 지구 생태계와 기업을 둘러싼 이해관계자들과의 관계를 형성하고 소비자들과 소통하며 지속 가능한 수익 모델을 통해 가치를 창출해 나가느냐가 기업 경쟁력의 관건이다. 가치 중심으로의 기업 경쟁력은 바로 '그 기업(the company)'의 경영 철학에 좌우된다.

기업 경쟁력의 시대별 변화

기업 경쟁력은 시대별로 변화했다. 이를 크게 산업 시대, 디지털 시대, 그리고 'AI/포스트(post) AI 시대'로 구분한다(이완형, 2024c).

첫째, '산업 시대'다. 18세기 산업혁명부터 2015년 4차 산업혁명이 명명되기 전의 시기이다. 이 기간은 전통적인 제조업과 같은 물리적 자산에 기반한 경제 구조가 주를 이루던 시기다. 이 시기의 경쟁력은 주로 산업 내에서의 경쟁 우위를 확보하는 데 초점이 맞추어졌다. 물론 1990년대 인터넷의 폭발적 성장으로 새로운 기업 환경이 도래했지만, 여전히 기업들은 효율적인 생산성, 품질 관리, 비용 절감 등 물리적 자산과 운영 효율성에 기반한 전략을 통해 시장에서의 경쟁력을 유지하고자 했다.

이 시기의 경쟁 중심은 자기 기업의 역량에 집중되어 있으며, 경쟁 우위는 주로 개별 기업의 자원과 능력에 의해 결정되었다. 따라서 기업들은 생산 과정의 혁신, 규모의 경제, 기술적 우위를 통해 경쟁력을 강화하고자 노력했다. 기업의 경쟁 논리는 기능 중심, 효율 중심이 가장 중요한 경쟁력이다. 인터넷 검색, 정보화, 자동화는 이루어졌지만 디지털 시대와는 구분된다.

둘째, '디지털 시대'다. 2016년 다보스 포럼에서 4차 산업혁명이 처음 명명된 때로부터 2021년까지의 기간은 디지털 시대의 본격적인 도래와 함께 경쟁력의 중심이 변화한 시기다.

이 시기에는 네트워크 효과와 플랫폼 기반의 공유 경제가 새로운 경쟁력의 중심으로 떠올랐다. 기업들은 더 이상 독립적인 자기 기업의 경쟁력만으로 시장에서 우위를 점하기 어려워졌다. 대신 기업들은 자신이 속한 네트워크와 플랫폼 내에서의 경쟁력을 확보하는 데 집중하게 되었다. 플랫폼 경제에서는 더 많은 사용자를 유치하고, 네트워크 효과를 극대화함으로써 경쟁력을 강화할 수 있다. 즉, 디지털 기술의 발전과 함께 정보의 집약화, 데이터의 중요성이 증가하면서 가능해졌다.

이에 따라 기업들은 플랫폼을 구축하거나, 기존 플랫폼에 성공적으로 참여함으로써 시장에서 경쟁력을 확보하고자 했다. 전산화나 정보화의 단순한 개념을 넘어서서 초연결, 초지능, 초융합의 비즈니스 시대가 가능해진 특징으로 챗 GPT가 출시되기 전까지의 디지털 트랜스포메이션이 빠르게 진행된 시기다.

셋째, 'AI/포스트 AI 시대'다. 2022년 챗 GPT가 등장한 이후 AI의 상용화가 급속하게 이루어지는 시기다. 이를 AI 시대로 구분한다.

이 시기는 기존의 경쟁력 개념이 더욱 확장되고 복합화되는 시기다. 기업 경쟁력은 단순히 산업 내 혹은 플랫폼 내에서의 경쟁 우위에 그치지 않으며, AI라는 새로운 툴(tool)이 그동안의 경쟁 논리를 모두 바꾸고 있다.

그러나 인공지능의 장점과 함께 우려에 대한 다양한 시각이 공존하는 시대로서, 새로운 경영에 대한 연구들이 진행되고 있다. 인간 및 지구 공동체에 대한 비즈니스 관점을 반영하는 생명 경제, 휴머니티 경영과 같은 보다 넓은 개념이 제시되고 있다(Lee, 2022). 즉, 경쟁력의 중심이 자기 기업이나 네트워크 효과에 한정하지 않고, 오히려 기계와 인간 그리고 환경과의 공존이라는 관점이 부각되었다. 따라서 기업의 경쟁력은 사회적 가치와 공동체 중심의 경쟁력이 어느 시기보다도 강조되고 있다.

AI 기술의 발전과 함께 인간 중심의 가치가 재조명되면서, 기업이 추구하는 경쟁력으로서의 지속 가능성의 목표는 새로운 차원으로 나가게 하고 있다.

따라서 기업들이 시장 점유율 확대 목표에만 머물지 않고, 생태계 전반의 발전과 조화를 추구하는 공존을 통한 '공존 경쟁력'을 확보하는 것이 매우 중요해졌다. 디지털 시대가 4차 산업혁명의 태동과 발전을 의미한다면, 이제 AI가 경영 방식의 혁신을 이끌고 있다. AI 시대 새로운 경쟁력의 패러다임은 새로운 관점의 경제에서 출발한다. 그것은 공존 경쟁력의 중심 가치인 생명 경제(life economy)다(이완형, 2022).

기업 경영의 생명 경제 원리는 생명의 의미를 적용해 기업의 내부와 외부 경영 활동을 유기적으로 통합하는 것을 말한다. 즉 어느 한쪽이 다른 한쪽의 부수적이거나 보조적인 수단이 아니라 기업의 활동이 기업 내부와 외부를 통합해 이윤을 창출하고, 기업의 이해관계자 모두에게 생명의 가치를 전달하는 것을 의미한다(이완형, 2024b). 따라서 환경과 사회적 책임 그리고 AI로 인한 윤리적 이슈 모두를 포함한 경영을 말한다.

AI 시대의 기업 경쟁력: 공존 경쟁력

'AI/포스트 AI 시대'의 경쟁력은 공존 경쟁력을 중심으로 전개된다. 공존 경쟁력은 인간적 상호작용, 생명 가치, 윤리적 기준, 공동체와의 조화를 강조하며, 기업이 단순한 경제적 성과만을 추구하는 경영 활동을 뛰어넘어야 할 것을 의미한다.

공존 경쟁력의 핵심 가치는 산업 시대와는 근본적으로 다른 관점을 가진다. 비즈니스 가치가 자기 기업의 이윤 극대화로부터 공동체와 기계 및 환경과의 공존이라는 가치로 전환된다. 이것이 곧 기업 경영의 새로운 가치이자 기업 경쟁력이다. 공존 경쟁력의 특징은 다음과 같다(이완형, 2024c).

핵심가치

핵심 가치는 생명 가치 중심의 공동체 공존 경쟁력이다.

이는 기업이 단순한 이익 추구를 넘어 인간 중심의 가치를 추구하며, 이 가치의 핵심은 '생명'이다. 즉 공동체 내의 모든 이해관계자를 향한 관점이 '생명'을 지향하여, 공동체와의 조화를 경영의 목표로 삼는다. 인간적 상호작용과 윤리적 책임이 주요 경영 방식으로 부각된다.

인간관

인간을 경제적 인간(homo economicus)으로 보던 관점에서 벗어나 상호적 인간(homo reciprocans)으로 바라본다. 상호적 인간이란 타인과의 관계 속에서 신뢰, 호혜, 협력을 중시하며 공동체적 가치를 추구하는 인간상을 말한다.

기업은 인간을 경제적 존재가 아니라 자연은 물론 타인과 공존하는 존재로 인식하며, 직원, 고객, 환경과의 조화로운 관계를 지향한다.

게임 룰

경쟁 논리는 제로섬이 아닌 공동체 포지티브 섬(positive sum), 즉 모두가 '윈윈'하는 관점으로 전환된다.

기업은 경쟁과 협력을 조화시켜 이해관계자 모두에게 긍정적 결과를 제공하는 전략을 구축하며, 경영은 이해관계자 중심 전략으로 재편된다.

경쟁 방법

경쟁은 독립적 대결이 아니라 협력을 통한 공동체 공존 방식으로 변화한다.

기업은 산업 발전과 공동체 번영을 위해 경쟁자와도 협력하며, 이를 통해 파트너십과 생태계 구축을 지향한다.

효율성

효율성은 자본과 기술의 이익 중심에서 공존 이익 중심으로 이동한다.

기업은 경제적 효율성을 넘어서 공동체와 환경의 이익을 고려한 지속 가능한 효율성을 추구하며, 장기적 관점에서 자원을 최적화한다.

성취 지향 태도

성취에 대한 태도는 결과 중심에서 과정 중심으로 재정의된다.

이는 결과뿐 아니라 윤리적이고 지속 가능한 과정을 중시해 성취의 질을 평가하며, 공존의 과정을 거치는 프로세스가 성과의 필수 요소가 된다.

이윤

이윤은 경제적 이익을 넘어 생명 가치에 기반한 이윤으로 확장된다.

기업은 이윤 창출 과정에서 인간 존엄성, 환경 보호, 사회 통합을 고려해 공동체의 지속 가능한 이익 관점을 지향한다.

포지션

기업 포지션은 독점 우위보다는 인간, 윤리, 환경, 사회 통합을 중심으로 재구성된다.

시장 점유율 확대보다는 공동체적 조화와 지속 가능성을 기반으로 한 자기 위치 확립이 중요시된다.

성과

성과는 단기적 이익이 아닌 장기 성과주의로 전환된다.

기업은 사회적 가치와 지속 가능성을 높이는 장기적 관점에서 성과를 정의하며, 이를 경영의 핵심 지표로 삼는다.

리더십

리더십은 목표 지향적 스튜어드십(purpose-driven stewardship)을 지향한다.

스튜어드 리더십이란 경영 철학 관점에서 단순한 관리 책임을 넘어, 조직과 이해관계자 전체의 장기적 가치와 공공의 선(common good)을 위한 윤리적 사명감과 봉사 · 섬김의 리더십을 의미한다.

경영자는 공동체와 환경을 고려한 비전을 제시하고, 조직과 이해관계자들의 협력을 이끌어 지속 가능한 발전을 도모한다.

참고문헌

이완형(2022). 생명경제개념의 도입과 생명가치 기업경영으로 전환. 《로고스경영연구》, 20권 4호, 113~134쪽.

이완형(2024a). ESG 경영의 공동체성에 대한 연구: 기독교 공동체 특성을 적용하여. 《로고스경영연구》, 22권 1호. 103~122쪽.

이완형(2024b). 《AI 비즈니스, 생명 가치 경영으로 전환》. 커뮤니케이션북스.

이완형(2024c). AI /Post-AI 시대 기업의 경영 전략으로서 '공존 경쟁력'에 관한 연구: 시대별 기업 경쟁력의 비교와 변화. 《미래사회》. 15권 3호, 181~200쪽.

Lee, W. H.(2022). A study on humanity management: Theory and model. *Journal of Global Business and Trade*, 18(4), 75~89.

McKinsey & Company(2022). Patagonia shows how turning a profit doesn't have to cost the Earth. https://www.mckinsey.com/industries/agriculture/our-insights/patagonia-shows-how-turning-a-profit-doesnt-hav e-to-cost-the-earth

Novo Nordisk(2024). Novo Nordisk's Position on Engaging with Real World Data and Evidence. https://www.novonordisk.com/content/dam/nncorp/global/en/sustainable-business/pdfs/esg-portal/real-world-evidence-position-2024.pdf

10
머리를 쓰는 리더와 마음을 움직이는 리더

AI 시대에는 어떤 리더십이 중요해질까? AI 시대의 리더는 과학적 판단력뿐 아니라 사람의 마음을 통찰하는 아트계(art) 스킬 리더십이 요구된다. 경영자의 역할은 분석적 결정만이 아닌, 윤리 · 공감 · 의미 · 비전 중심의 통합적 리더십에 있다. 스튜어드십 리더십은 AI 시대 과학적 판단인 '머리' 중심적 사고의 한계를 넘어 '마음'을 움직일 사람 중심 경영 철학의 토대다.

종교와 AI?

AI 시대 경영자와 리더십

오늘날처럼 진정한 경영자가 절실한 시대는 없다. AI 기술이 고도화될수록 AI 자체가 경영을 주도하는 것이 아니라, AI를 통찰력 있게 주도할 수 있는 경영자가 필요하기 때문이다.

AI 시대의 경영자는 어떤 리더십을 가져야 할까? 가장 기본적인 리더십의 모형은 '스튜어드십(stewardship)'이다. 이는 본래 종교적 · 도덕적 기반을 가진 개념으로, 타인의 자산을 위탁받아 책임 있게 관리하는 청지기 정신을 뜻한다. 이를 경영에 적용하면, 리더는 자신의 권력을 사적 이익을 위해 행사하는 것이 아니라, 조직의 사명과 공익을 위해 봉사적 자세로 행사해야 함을 의미한다. 피터 블록은 스튜어드십을 "권력을 통해 통제하는 것이 아니라, 신뢰와 책임을 통해 봉사하는 리더십"이라고 정의한다(Block, 1993). 권위주의적 통제 리더십과는 근본적으로 대조됨을 강조했다.

그렇다면 이러한 스튜어드십이 정착되기 위해서는 누구나 알고 있는 '기본'을 충실히 실천하는 리더여야 한다. 즉, 사람 중심의 철학을 기반으로 마음을 움직이는 리더십이 중요하다.

AI는 문제에 접근하는 관점에 따라 결과가 달라질 수

있기 때문에, 기술적 해결책만으로는 진정한 문제 해결이 어렵다. 경영의 본질은 사람에게 향하는 것이며, 기술은 사람과 사람 사이를 연결하는 수단일 뿐이다. 따라서 AI 시대의 경영자에게 요구되는 리더십은 단순한 테크놀로지 활용 능력이 아니라 사람을 이해하고 존중하는 감성적 리더십이다.

리더십의 의미와 역량

리더십이란 무엇인가? 리더십의 정의는 수없이 존재하며, 그 의미는 시대에 따라 변화해 왔다. 20세기 초기에는 '지배'와 '통제' 중심이었으나, 1930년대 이후 영향력 관계, 1970년대에는 조직 행동 중심의 접근, 1980년대에는 변화와 탁월성, 1990년대에는 공동 목표 달성을 위한 리더십으로 진화했다(피터 노스하우스, 2023).

21세기 이후에는 윤리적 관점이 결합된 진정성의 리더십이 주목받기 시작했고, 겸손과 신뢰, 포용성과 소통이 중요한 요소로 등장했다. 특히 조직 구성원이 다양해지면서, 포용적 리더십은 리더가 반드시 갖추어야 할 자질이 되었다(피터 노스하우스, 2023).

경영자에게 요구되는 리더십 역량은 스킬셋(skill set)으로 설명할 수 있다. 이는 여행 스킬처럼 여행 계획부터 실행까지 모든 단계에서의 스킬이 복합되는 스킬셋(복합적인 능력군)이다. 이 스킬셋은 과학계 스킬과 아트계 스킬로 구분된다. 과학계 스킬은 분석력, 계획 수립, 문제 해결 같은 형식지(形式知)에 속하며, 좌뇌 중심의 합리적 사고다. 반면 아트계 스킬은 공감, 직관, 감성적 통찰 등 암묵지(暗默知)에 해당하며, 우뇌 또는 마음으로 길러지는 능력이다(칸노 히로시, 2006).

AI는 과학계 스킬을 보완하는 데 탁월하다. 방대한 데이터를 분석하고 논리적으로 의사 결정을 지원하는 데서 AI는 유용한 도구다. 하지만 리더십은 논리와 분석력만으로 완성되지 않는다. 사람의 마음을 이해하고 움직이는 것은 데이터나 알고리즘만으로는 불가능하다.

경영의 리더십은 단순한 분석에만 의존하는 것이 아니라 의미 있는 방향 제시와 동기 부여, 조직원들과의 정서적 연대를 포함하는 '마음을 움직이는 활동'의 연속이다. 따라서 경영자의 리더십은 과학계 스킬보다 오히려 아트계 스킬에 더 깊이 기반해야 한다. 과학계 스킬은 AI를 활용해 해결할 수 있지만, 아트계 스킬은 그렇지 못하기 때문이다.

AI시대 마음을 움직이는 리더십

칸노 히로시는 아트 스킬의 리더십 요소로서 다섯 가지를 제시하고 있다. ① 강렬한 의지, ② 용기, ③ 인사이트, ④ 끈기, ⑤ 부드러운 통솔력이다(칸노 히로시, 2006). 이 다섯 가지를 바탕으로 AI 시대에 마음을 움직이는 리더십은 다음과 같이 재해석 할 수 있다. 이는 AI시대 경영 환경의 변화에 대응하는 인간 중심의 리더십이다.

'강렬한 의지'와 변혁적 · 진성 리더십

AI 시대 경영에서 요구되는 첫 번째 리더십은 '강렬한 의지'다. 이는 단순히 성과 향상을 위한 추진력이 아니라, 사람을 위한 명확한 비전과 공동체 지향의 방향성을 가진 '의지'다. 이는 변혁적 리더십 및 진성 리더십과 연결된다.

진정한 변혁적 리더십(transformational leadership)은 집단의 이익을 위해 타인에게 긍정적 영향을 미치려는 리더십으로, 첫째, 구성원들이 이상적인 목표의 가치를 인식하도록 하고, 둘째, 조직과 팀을 위해 자기를 초월하게 하며, 셋째, 높은 수준의 욕구에 관심을 두도록 이끈다(Bass, 1985).

진성 리더십(authentic leadership)은 자기 인식과 관

계의 진정성에 중점을 둔다(Walumbwa et al., 2008). 이는 자아 인식, 도덕적 자기 조절, 균형 잡힌 정보 처리, 관계의 투명성으로 구성된다. 이러한 리더는 내면의 신념에 따라 일관된 결정을 내리고 비전을 진정성 있게 공유한다.

진성 리더는 구성원들의 의견을 수용할 수 있어야 하며, 그 가치가 조직적으로 수용될 때 비로소 실질적인 성과로 연결된다(피터 노스하우스, 2023). AI 시대 리더는 단순한 기술적 효율을 넘어 인간 중심의 철학과 자기 일관성을 갖춘 진정한 변혁가여야 한다.

'용기'와 윤리적 · 적응적 리더십

용기는 도덕적 기준을 지키며 어렵고 불확실한 결정을 감행하는 능력이다. 이는 윤리적 리더십 및 적응적 리더십 개념과 밀접하게 연결된다.

윤리적 리더십(ethical leadership)은 조직 내에서 공정성과 정직성, 사회적 책임을 실천하는 리더십이다(Brown & Trevino, 2006). 리더는 기술의 효율성만을 따르기보다는 인간 존엄성과 공동체의 가치를 우선시해야 하며, 윤리적 기준에 따라 데이터를 비판적으로 검토하고 결정을 내려야 한다.

윤리적 리더는 타인을 존중하고, 섬기며, 정직하게 행동하며, 공동체적 목표를 함께 지향한다. 조직의 지속 가능성은 윤리적 리더십의 수준에 달려 있고, 윤리가 낮은 리더십은 지속되지 못한다(체스터 바너드, 2009).

적응적 리더십(adaptive leadership)은 변화와 위기 속에서 학습과 혁신을 촉진하는 리더십이다(Heifetz, 1994). 이러한 리더는 불확실한 상황에서 창의적 해법을 제시하며, AI 기술의 변화에 능동적으로 적응해 조직의 진화를 이끈다.

'인사이트'와 변혁적 · 적응적 리더십

인사이트는 단순한 정보 수용을 넘어 상황의 본질을 통찰하는 능력이다. 이는 변혁적 리더십과 적응적 리더십 모두와 깊은 관련이 있다.

변혁적 리더는 지적 자극(intellectual stimulation)을 통해 구성원이 기존 사고 틀을 벗어나 창의적이고 혁신적인 사고를 하도록 유도한다(Bass & Riggio, 2006). AI 데이터를 맹목적으로 따르기보다는, 그 이면의 맥락을 읽고 가능성을 통찰하는 역량이 요구된다.

또한 적응적 리더십은 빠르게 변화하는 환경에서 변화의 신호를 인지하고 적절히 조직을 조정하는 통찰력이 필요하다. AI 시대의 리더는 기술 흐름에 따른 지속적 학습과 변화의 리더십을 발휘해야 한다.

'끈기'와 진성 · 섬김의 리더십

끈기는 장기적인 목표를 향해 꾸준히 나아가는 지속력이다. 진성 리더는 내면의 가치와 신념을 일관되게 지키며, 외부 변화에도 흔들리지 않는 방향성을 유지한다.

섬김 리더십(servant leadership)은 전통적인 권위와 반대로, 리더가 구성원의 성장을 우선시하는 철학이다(Eva et al., 2019). 공감, 치유, 성장 촉진 등의 역할을 담당하며, 공동체 전체의 발전을 위해 헌신적인 자세를 갖는다.

AI가 자동화와 효율성을 높이더라도, 인간 중심의 진성 리더십은 여전히 중요하다. 리더는 기술을 수단으로 인식하고 실행하기까지 끈기 있게 사람 중심을 놓치지 않아야 한다. 구성원의 정서적 요구를 수용하며, 인간성을 조직의 핵심으로 삼아야 한다.

'부드러운 통솔력'과 섬김 · 포용 · 팀 리더십

부드러운 통솔력은 구성원의 자율성과 존엄을 인정하면서 신뢰를 구축하는 방식이다. 이는 섬김 리더십(servant leadership), 포용 리더십(inclusive leadership), 팀 리더십(team leadership)과 관련된다.

섬김 리더십은 구성원의 잠재력을 끌어내어 신뢰와 존중, 겸손을 바탕으로 부드러운 힘을 발휘한다. 포용 리더십은 구성원 각자가 심리적 안전성을 느끼며 자신의 의견을 자유롭게 표현할 수 있도록 한다(Randel et al., 2018). 팀 리더십은 개인의 역량을 결합하여 조직의 공동 목표를 달성하고 집단의 성과를 극대화한다(Day et al., 2004).

수평적 조직과 연결성 중심의 팀 기반 조직에서는 구성원 간의 상호 신뢰와 협력이 중요하다(피터 노스하우스 2023). AI 시대에도 사람 간의 유대와 신뢰를 바탕으로 한 협업이 조직의 정체성과 활력을 유지하는 데 핵심이 된다.

AI 시대 리더십은 기술적 역량을 넘어 인간성을 중심에 놓는 철학적 재구성이 요청된다. '강렬한 의지'는 존재적 목적성을, '용기'는 윤리적 책임을, '인사이트'는 통합적 이해를, '끈기'는 지속 가능성을, '부드러운 통솔력'은 인간적 신뢰를 중심축으로 삼게 한다.

이런 면에서 미래 경영은 기술 경영을 넘어, 인간 중심 경영을 새롭게 구성해야 하고, 경영 철학을 재구성하는 통합적 리더십이 중요하다. 따라서 다음의 경영 철학적 선언이 필요하다.

첫째, 목적(purpose).

우리는 기술적 효율성에 앞서, 인간과 공동체를 위한 존재적 목적을 최우선 가치로 삼는다.

둘째, 윤리(ethics).

우리는 수치적 최적화가 아니라 윤리적 정당성을 기준으로 결정을 내린다.

셋째, 통찰(insight).

우리는 데이터 이상의 의미를 탐구하며, 인간 · 사회 · 생태계를 통합적으로 이해한다.

넷째, 지속성(sustainability).

우리는 단기 성과에 집착하지 않고, 인간 존엄성과 생태적 지속 가능성을 추구한다.

다섯째, 공감(empathy).

우리는 인간적 신뢰와 소통을 통해 조직과 사회를 이끌어 간다.

여섯째, 인간 중심(human-centric).

우리는 AI를 도구로 삼되, 인간성을 경영의 중심으로 삼는다.

일곱째, 의미 기반 혁신(meaning-driven innovation).

우리는 효율을 추구하되, 의미를 창조한다.

여덟째, 책임 있는 AI(responsible AI).

우리는 AI를 활용하고 기술을 통제하되, 인간을 존중한다.

참고문헌

체스터 바너드. 이정혜 옮김(2009). 《경영자의 역할: 경영자는 어떻게 조직의 성패를 결정하는가》. 21세기북스.

칸노 히로시. 보스턴컨설팅그룹 옮김(2006). 《보스턴컨설팅그룹의 리더십》. 비즈니스맵.

피터 노스하우스. 김남현 옮김(2023). 《리더십: 이론과 실제》. 한빛아카데미.

Bass, B. M.(1985). *Leadership and performance beyond expectations*. NY: Free Press.

Bass, B. M., & Riggio, R. E.(2006). *Transformational leadership*(2nd ed.). Psychology Press.

Block, P.(1993). *Stewardship: Choosing service over self-interest*. CA: Berrett-Koehler Publishers.

Brown, M. E., & Trevino, L. K.(2006). Ethical leadership: A review and future directions. *The Leadership Quarterly*, 17(6), 595~616. https://doi.org/10.1016/j.leaqua.2006.10.004

Day, D. V., et al.(2004). Leadership capacity in teams. *The Leadership Quarterly*, 15(6), 857~880. https://doi.org/10.1016/j.leaqua.2004.09.001

Eva, N., et al.(2019). Servant leadership: A systematic review and call for future research. *The Leadership Quarterly*, 30(1), 111~132. https://doi.org/10.1016/j.leaqua.2018.07.004

Heifetz, R. A.(1994). *Leadership without easy answers*. Harvard University Press.

Randel, A. E., et al.(2018). Inclusive leadership: Realizing positive outcomes through belongingness and being valued for uniqueness. *Human Resource Management Review*, 28(2), 190~203. DOI:10.1177/0149206307308913

Walumbwa, F. O., et al.(2008). Authentic leadership: Development and validation of a theory-based measure. *Journal of Management*, 34(1), 89~126. https://doi.org/10.1177/0149206307308913

이완형

서울사이버대학교 글로벌무역물류학과, AI서비스마케팅학과 교수이며 부총장이다. 입학처장을 지냈다. 한국외국어대학교에서 경영학 석·박사, 미국 The College of Insurance에서 MBA, 백석대학교 신학대학원에서 M.Div. 학위를 취득했다. 현재 글로벌무역학회 부회장, 로고스경영학회 이사이며, KOTRA, 경기도시장상권진흥원 등 다양한 기관의 심사위원으로 활동 중이다. 주요 연구 분야는 AI 및 기후 위기 시대의 패러다임 전환에 대응하는 '휴머니티 경영(Humanity Management)'이며, 《Journal of Global Business and Management》, 《로고스경영연구》, 《무역연구》 등 국내외 학술지에 논문을 게재하고 있다. 저서로는 《디지털 비즈니스 트랜스포메이션》(개정판, 2023)이 있으며, 초판은 2020년 대한민국학술원 '우수학술도서'로 선정되었다. 그 외 《AI 비즈니스, 생명 가치 경영으로 전환》(2024), 《AI 비즈니스와 서비스경영》(2024), 《글로벌경제경영》(2011), 《비전공자를 위한 국제통상》(2006) 등이 있다. KMOOC 강좌에서는 ESG경영(2023), 휴머니티 경영(2022)을 운영하고 있으며, '자랑스런 혁신 한국인 교육 부문 대상'(스포츠조선, 2024)과 우수 유공 교원 교육부 장관 표창(교육부, 2024)을 수상했다.